I0832873

Ex

LA MORT

DE

VOLTAIRE,

ODE.

LA MORT DE VOLTAIRE, ODE.

Erit mihi magnus Apollo. VIRGIL.

Suivie de l'Éloge de ce grand homme, par M. Paliſſot; avec la Tragédie d'Ériphile, que l'Auteur ne voulut pas faire imprimer de ſon vivant, & autres Pièces, pour ſervir de ſuite aux Mémoires & Anecdotes de cet homme illuſtre.

AU TEMPLE DE LA GLOIRE.

M. DCC. LXXX.

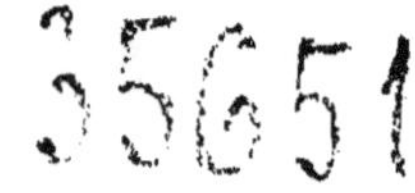

AVIS
DE L'ÉDITEUR.

Un homme de considération & connu avantageusement dans la littérature, nous ayant fait parvenir l'Ode qui suit; nous avons cru travailler pour le plaisir & l'intérêt du public, en y ajoutant, pour former un volume, l'Éloge de Voltaire, par M. Palissot, le meilleur qui ait paru à notre avis; avec la Tragédie d'*Ériphile*, & quelques Pieces relatives à l'Histoire du grand homme que l'univers pleure encore, malgré la possession de ses ouvrages.

Ce Recueil, & celui que nous venons de publier sous le titre de *Mémoires & Anecdotes pour servir à l'Histoire de Vol-*

taire, depuis ſa naiſſance juſqu'à ſa mort, &c., offrent en général un grand avantage : en ſe les procurant, ce qui n'eſt point du tout coûteux, on a un nombre conſidérable de Pieces intéreſſantes, qui ſe vendent ſéparément fort cher. Un autre avantage que préſentent encore ces deux petits volumes, c'eſt que bien des particuliers peuvent completer leur Théatre de cet émule des Racines & des Corneilles.

AVERTISSEMENT

De l'Auteur de l'Ode suivante.

LA mort de M. de Voltaire n'est point un de ces événements dont une ville ou une province s'entretient quelques jours, & qui sont bientôt effacés par d'autres événements passagers, oubliés à leur tour. C'est un malheur commun à toutes les nations, inscrit dans toutes leurs fastes, & pleuré dans tous les temps. C'est le privilege du génie d'être à jamais regretté chez l'étranger comme dans sa patrie. Eh ! qui peut douter que la mort d'un Neuton, par exemple, n'ait été aussi sensible à toute l'Europe qu'à l'Angleterre même ? Et n'avons-nous pas, en dernier lieu, gémi comme les Suédois de la perte du célebre Linnée, surnommé le Pline du Nord? *M. de Voltaire, d'un mérite plus universel, a vu l'Europe adopter ses principes de morale, de charité, de tolérance, si directement utiles aux hommes, comme elle avait adopté les principes de physique des Neuton & des Linnée. Ce Poëte-Philosophe, Orateur, Historien, & modele des hommes aimables, était embrasé, pour ainsi dire, de cette passion respectable si bien nommée par Cicéron* caritas humani generis, *de l'amour du genre humain, dont il n'eut voulu faire qu'un peuple de freres, malgré cette multitude d'opinions & d'usages divers qui regnent sur toute la surface du globe. C'est-là un des caracteres distinctifs de ses principaux ouvrages. Il n'est donc pas étonnant que toutes les nations gémissent de la mort de leur bienfaiteur. Cette mort si fatale en elle-même, fut encore plus frappante par les circonstances qui l'accompagnerent. On sait que ce grand homme de retour à Paris, après une abscence de près de trente années, y fut accueilli de la nation avec les démonstrations de la joie la plus vive, & même avec un enthousiasme que tant de services rendus à l'humanité & de succès dans tous les genres de littérature, ont assez justifié aux yeux de l'Europe entiere. Ces succès avaient été d'au-*

tant plus glorieux que cet Écrivain célebre, ayant annoncé par ses premiers travaux un mérite fort extraordinaire, se vit dès-lors en but, jusqu'à la fin de sa vie, aux ligues, aux cabales toujours renaissantes de la médiocrité jalouse, de la basse envie, de l'ignorance & du mauvais goût, ennemis naturels du talent supérieur qui les offusque.

M. de Voltaire ne les punit qu'en donnant, chaque année, de nouveaux chef-d'œuvres, sans s'inquiéter des clameurs des Zoïles, sans leur répondre & sans prétendre corriger des gens incorrigibles. Il savait qu'on ne peut changer la nature des choses. C'est le sort du frélon de persécuter l'abeille. C'est celui de l'ortie & du chardon de faire des piqûres envenimées & cependant peu dangereuses, & d'être la pâture des ânes; comme le sort du laurier & de la rose est de couronner les grands hommes & de parer le sein des belles. Il y aura toujours des chardons & des frélons; mais ils ne parviendront point à étouffer la race des fleurs & des abeilles. M. de Voltaire ne daignait pas faire attention aux bourdonnements &

aux frivoles morsures de cent insectes malfaisans, & les écrasait seulement, comme par mégarde, en poursuivant à grands pas sa route vers le palais de la gloire. Il avait à combattre des ennemis plus dangereux, & sur-tout une foule d'hommes attachés à ces sectes rivales & irréconciliables, qui firent tant de bruit autrefois, qui sont heureusement oubliées aujourd'hui, & qu'il avait également couvertes d'un ridicule ineffaçable. De tels ennemis étaient d'autant plus à craindre pour ce grand homme, qu'ils osaient couvrir leur vengeance & leur haîne du manteau respectable de la religion. Cependant il déconcerta aussi leurs efforts, & l'on ne peut pas dire que ses triomphes littéraires aient été arrachés par surprise à des juges toujours avertis des plus légers défauts, par tant d'adversaires de toute espece.

Enfin, ses derniers jours, les plus beaux qu'aucun homme de lettres ait jamais eu, couronnerent dignement une vie si glorieuse. Les honneurs, jusqu'alors sans exemple, qui lui furent décernés à l'Académie, au Spec-

tacle, & chaque fois qu'il parut en public, laisserent dans tous les esprits une impression profonde ; mais quel fut leur étonnement & leur douleur, en apprenant que M. de Voltaire, qui venait d'expirer, avait été transporté furtivement hors de Paris, dans la crainte où l'on était de le voir insulté par des hommes féroces & barbares ; que les honneurs funebres & même la sépulture lui avaient été refusés ; qu'à peine il était permis aux gens de lettres & à ses amis de verser une larme généreuse sur son sort, & qu'on leur ôtait jusqu'à la liberté d'annoncer au public la perte qu'il venait de faire? C'est ce qui a donné lieu à l'Ode qu'on va lire. Rien n'était sans doute plus singulier que de voir les Muses étrangeres répandre à l'envi des fleurs sur la tombe de M. de Voltaire, & les Muses françaises rester, pendant un long espace de temps, dans un silence profond, & déshonorant, s'il avait été volontaire. Si, en effet, il a été imposé par un ordre du gouvernement, il ne nous appartient pas d'en vouloir pénétrer les motifs : les vues des Mi-

nistres qui tiennent, avec tant de gloire, les rênes de l'état, qu'ils ont tiré d'un abyme de maux, sont trop supérieurs à nos faibles lumieres. Ces motifs d'ailleurs ne subsistent plus, & la liberté d'exprimer ses sentimens a été rendue aux gens de lettres & aux artistes. Ils se distinguent à l'envi, & c'est à qui célébrera plus dignement M. de Voltaire. Nous partageons leur zèle sans avoir leurs talents, & nous croyons devoir, à leur exemple, payer aujourd'hui notre tibut d'admiration & de reconnaissance à la mémoire d'un si grand homme.

LA MORT DE VOLTAIRE,

ODE.

APrès les plus beaux jours que d'épaisses ténebres
Du globe, en un moment, viennent changer le sort!
Et que de nations jettent des cris funebres,
Lorsqu'un seul homme est mort!

Consolateur des maux, trop féconds sur la terre,
Si l'univers se trouble au bruit de ton trépas,
Serons-nous seuls muets, ô sublime Voltaire,
Quand tu meurs dans nos bras?

Génie universel, cœur sensible, ame tendre,
Toi, qui nous prodiguais tant de fruits & de fleurs,

Souffre au moins que mon zèle ose arroser ta cendre
Du tribut de mes pleurs.

Quoi qu'indigne de toi, mon faible & juste hommage,
Peut trouver grace aux yeux des peuples consternés ;
La douleur qui le dicte, hélas ! est le partage
De tous les cœurs bien nés.

La mort d'un si grand homme est-elle une infortune
Que l'homme vertueux apprenne avec dédain ?
Il gémit d'autant plus que sa perte est commune
A tout le genre humain.

Je vous vois accablés de cette perte immense,
O vous, qui partagiez son azile enchanteur,
Qui viviez près de lui, vous, dont sa bienfaisance
Avait fait le bonheur.

Par l'amour du génie attiré sur la rive
Où son pouvoir aimable a su vous arrêter ;
J'approchai de Voltaire, & mon ame captive
Ne pouvait le quitter.

Près de ces monts altiers où se brisent les nues,
D'où s'échappe le rhône à travers les glaçons,

L'amour, les ris, les jeux, les grâces ingénues
Dansaient à ses chansons.

Mon cœur s'émut aux sons de sa lyre immortelle.
Il charmait les humains comme en ses plus beaux jours,
Soit que légérement sa gaîté naturelle
Agaçât les amours;

Soit que d'un autre ton sa voix ferme, éloquente,
Embellit la raison de charmes plus puissants;
Ou soit que Melpomène auprès de lui constante
Lui prétât ses accens.

Du plus noble transport sa grande ame enflammée
Au bonheur de la terre intéressait les Rois;
Et ses bienfaits sans nombre ont de la Renommée
Épuisé les cent voix.

Combien de fois touché des pleurs de l'innocence,
Ne la ravit-il pas aux coups de l'oppresseur!
A sa voix l'homme atroce & l'aride opulence
Se sentaient naître un cœur.

Ce nouvel Amphion élevant des aziles (1)

A l'innocent proſcrit, au commerce, aux beaux-arts,
Changeant d'affreux deſerts en des hameaux fertiles
Enchanta mes regards.

Les monts, les lacs, les bois & toute la nature
S'aſſerviſſaient ſans peine à ſes vaſtes deſſeins.
Pouvaient-ils réſiſter à la main libre & ſure
Qui changeait les humains!

Tel le fier Prométhée aux flammes du tonnerre,
Malgré Jupiter même, allumant ſon flambeau,
Vint animer notre être & dérober la terre
Aux horreurs du tombeau.

Ou tel cet homme cher à la philoſophie,
Souverain pacifique & modele des Rois,
Penn vit, dans les forêts, naître Philadelphie
A l'ombre de ſes loix.

Ferney, Delphes nouveau, fameux par tes oracles,
A quels Dieux tous puiſſants ton bonheur eſt-il dû?
Un homme, un homme ſeul a fait tous ces miracles,
Et tu l'aurais perdu!

Ah ! devait-il quitter ton séjour plein de charmes,
Où la parque, peut-être, en prolongeant ses jours,
N'eut point ouvert sitôt une source de larmes,
Qui coulera toujours.

Pere de ses vassaux, sensible à leurs tendresses,
Il n'a pu de leurs bras s'arracher sans pitié ;
Mais il obéissait à deux de ses maîtresses,
La gloire & l'amitié.

L'amitié suit de près l'amour & la nature,
Et fait mêler, comme eux, la peine à ses plaisirs ;
De nos félicités cette source si pure
Trompe encor nos desirs !

Des bienfaits & des maux qui germent sur sa trace,
Voltaire, de sa vie, a vu remplir le cours.
Genonville de pleurs en a semé l'espace,
D'Argental d'heureux jours (2).

Pouvait-il résister à la voix magnanime
De la gloire, autre fée, idole des grands cœurs,
Promettant dans Paris à son amant sublime
Ses dernieres faveurs ?

Il les obtint aux yeux de la France enivrée

De joie & de tendresse. Apollon s'empressait
D'éclairer de son fils la victoire assurée,
L'olympe applaudissait.

Paris, tu t'en souviens ! grâces enchanteresses,
Muses, talents, beautés, prodiguaient en ce jour
Au Sophocle Français les plus vives caresses
Et le plus tendre amour.

Ce jour, ce jour fameux où couronnant Voltaire,
Sa patrie a payé soixante ans de succès,
Accroîtra le respect & l'amour de la terre
Pour l'empire français.

Mais quel affreux revers succede à tant de joie !
O mort ! suspends tes coups, peut-être irrésolus....
Elle est sourde à nos cris, elle fond sur sa proie,
Le grand homme n'est plus.

Il n'est plus ! c'en est fait ! hélas ! comme un vain songe
Un instant nous ravit le bonheur d'en jouir,
Et la douleur amere où sa perte nous plonge
Jamais ne doit finir.

L'univers retentit de ce coup effroyable.

Je vois les plus grands Rois ſous le dais ſe trou-
bler (3),
Et tout ce que l'Europe a de plus reſpectable,
Avec nous le pleurer.

Fréderic, Catherine ! ô noms que je révère,
Et que le monde entier, comme moi, doit chérir,
Vous brillerez toujours près du nom de Voltaire,
Dans le ſombre avenir.

Se prêtant l'un à l'autre une force nouvelle,
Votre éclat & le ſien déſormais réunis,
Environnent la terre, & repouſſent loin d'elle
Les deſtins ennemis.

Quelle frayeur ſoudaine agite le Parnaſſe !
Il perd en un ſeul homme, Homere, Anacréon,
Sophocle & Lucien, Terence, Ovide, Horace,
Thucydide & Platon.

Français, nous étions fiers de ſon puiſſant génie,
Sur ce grand homme encor nous fondions notre
orgueil,
Mais d'Atropos enfin la main nous humilie
En ouvrant ſon cercueil.

O jour de l'infamie ! ô crime fans exemples !
Qui te fait, tout-à-coup, ternir des jours fi beaux ?
Voltaire après fa mort eft repouffé des temples
Et même des tombeaux !

On l'infulte, on le brave au moment qu'il expire ;
La France oublie alors tout ce qu'elle lui doit,
Et par un froid dédain femble tout bas foufcrire
Aux affronts qu'il reçoit.

Que fervent tant de jours confumés dans l'étude,
De vertus, de travaux, de fervices rendus
A fa patrie injufte, & dont l'ingratitude
Ne doit furprendre plus ?

On la vit trop fouvent pour un talent vulgaire
Au frivole étranger prodiguer fon encens,
Et pourfuivre en tous lieux, plus marâtre que mere,
Ses fublimes enfans.

Ombre illuftre ! Qu'importe hélas ! que ta patrie
Te refufe un azile & des marbres trompeurs ?
Il eft un monument plus cher à ton génie,
Son temple eft dans nos cœurs.

Ton nom eſt au-deſſus d'une ſi vile injure,
Et du vain appareil d'un faſtueux cercueil,
Dont le vice éclatant & l'ignorance obſcure
Flattent leur ſot orgueil.

Quoi! lorſqu'il regne en paix ſur les bords du
Permeſſe,
Nous traitons à Paris comme les criminels,
Le chantre de la France, à qui l'ancienne Grece
Eut dreſſé des autels!

Rome oſait bien placer dans l'empire céleſte (4),
Des monſtres déteſtés & craints de toutes parts,
Soldats, dont les ſuccès & la grandeur funeſte
N'étaient dûs qu'aux hazards.

Voltaire, ces brigands célébrés dans l'hiſtoire
Pour avoir aſſervi nos tranquilles ayeux,
En les abrutiſſant croyaient trouver la gloire
Et devenir des Dieux.

Ils traînaient après eux l'ignorance profonde,
L'impoſture, la fraude & la crédulité;
Ils ont fondé l'erreur ſur les débris du monde,
Et toi la vérité.

Ils n'étaient rien par eux, tu fus tout par toi-
même.
De la rage de nuire on les vit s'enflammer,
Ils recherchaient la haine, & ton plaisir suprême
Fut de te faire aimer.

S'ils ont semé l'horreur, le crime & l'esclavage,
Dans le sang innocent, s'ils ont plongé leurs mains,
Tes seuls bienfaits peut-être effacent le dommage
Qu'ils ont fait aux humains.

O sainte humanité, trop long-temps ignorée,
Premiere des vertus, console les mortels;
A Voltaire sur-tout, dans l'Europe éclairée,
Tu devras tes autels.

Plus qu'ailleurs on t'adore au sein de ma patrie;
La tolérance y regne.... & j'osais l'accuser
D'être barbare & lâche, & par une infamie
De se déshonorer!

Où me jettaient mon trouble & ma douleur extrême?
Je pleure & je rougis de mes emportements;

Oui, la France en nos jours, non moins qu'Athène même
Honore les talents.

Son Poëte fameux mérita sa tendresse.
Elle en était chérie, & l'aimait à son tour;
Et le deuil qui succede à sa vive allégresse,
Atteste son amour.

Le chantre de Henri qui dans son sein expire,
Pouvait-il, en mourant, voir ses lauriers flétris,
Quand le goût, la raison fleurissent sous l'empire
Du jeune Sésostris (5)?

La modeste vertu, la beauté sur le trône,
Consolent à l'envi les arts dans l'abandon,
Et placent près des lys les lauriers de Bellone
Avec ceux d'Apollon.

Eh! quel monstre, Voltaire, a donc bravé ton ombre?
Méconnait-on ses coups saintement furieux,
Ce cilice trompeur, ce fer, ce voile sombre
Étendu sur ses yeux?

Ah ! c'eſt le fanatiſme ! oui, ſa bouche écumante
Demande encor du ſang, & du fiel & des pleurs,
Mais l'univers enfin, grace à ta voix puiſſante,
Craindra moins ſes fureurs.

Ta gloire augmente encor par ſon abſurde outrage.
Le monſtre ne voit pas dans ſa férocité,
Que ton nom plus chéri paſſera d'âge en âge
A la poſtérité.

Née au ſein de la fange, une vapeur groſſiere
S'éleve, & du ſoleil veut éclipſer les traits :
Cet aſtre la diſſipe & pourſuit ſa carriere
Plus brillant que jamais.

Je vois s'accroître ainſi ta lumiere immortelle,
La ſuperſtition veut envain la ternir;
La voix de la raiſon parlera plus haut qu'elle
Aux ſiecles à venir.

Ils béniront ta fête au jour anniverſaire
Du triomphe éclatant qui combla nos plaiſirs,
Où les neuf chaſtes ſœurs ont, dans leur ſanctuaire,
Surpaſſé tes deſirs.

Peut-être à tant de joie on ne doit pas ſurvivre.
Adoré comme toi, comme toi regretté,
Partageant tes honneurs qui ne voudrait te ſuivre
Sur les bords du Léthé?

Tu t'endors careſſé dans les bras de la gloire,
Du char triomphateur tu deſcens au tombeau,
Tu meurs, comme Turenne, au ſein de la victoire,
Quel deſtin fut plus beau?

Que dis-je! il valait mieux que tes mains tutélaires
Fuſſent encor long-temps l'appui des malheureux,
Et que ton cœur ouvert aux larmes de nos peres,
Conſolât nos neveux.

Avec vos attributs, vous, qui le fites naître,
Et dont peut-être enfin vous deveniez jaloux,
Impitoyables Dieux! ne devait-il pas être
Éternel comme vous!

Mais ſans former envain des plaintes téméraires,
Dreſſons dans nos boſquets, loin des hommes cruels,
Un ſimple mauſolée, avec ces caracteres:
AU PLUS GRAND DES MORTELS.

Des lauriers enlacés par leur ombrage utile
En défendront l'aspect à l'envie en fureur,
Et seront respectés, comme ceux de Virgile,
Par le temps destructeur (6).

Que des plus belles fleurs, à chaque instant écloses,
Le tombeau de Voltaire à jamais soit orné.
Marions les lauriers, les myrthes & les roses
Dont il fut couronné.

Ils seront arrosés, dans ce temple champêtre,
Des pleurs de la vertu, des beaux arts, des talens
Qui viendront quelquefois y soupirer peut-être
Mes douloureux accens.

NOTES

SUR LA MORT DE VOLTAIRE.

(1) *CHangeant d'affreux déserts en des hameaux fertiles.*

M. de Voltaire propriétaire d'un assez vaste domaine dans le pays de Gex en Bourgogne, composé de plusieurs terres contigües, presqu'entiérement incultes & désertes lorsqu'il en fit l'acquisition, y fonda en peu de temps de riches colonies, défricha des forêts & des bruyeres, dessécha des marais, bâtit des maisons où il établit des manufactures de diverses especes. Ses bienfaits y firent bientôt fleurir la population, le commerce, l'agriculture, & Ferney qui n'était qu'un chétif hameau, peuplé d'environ trente ou quarante personnes, est aujourd'hui un bourg assez considérable, où il se fait beaucoup d'affaires, où tout le monde travaille & est heureux. Le nombre d'étrangers distingués qui s'y rendoient de toutes les parties du monde pour en voir le possesseur, était prodigieux;

Il fallait voir Ferney pour avoir vu l'Europe,

a dit très-heureusement un jeune poëte plein d'esprit & de talent ; & l'on peut ajouter que l'accueil qu'on y recevait, inspirait autant d'amour & d'attachement pour la personne de M. de Voltaire, que l'on avait d'admiration pour ses ouvrages. Sa respectable niece qui secondait si bien ses intentions, captiva également l'estime & la reconnaissance de tous ceux que le desir de rendre hommage à un homme unique, conduisit à Ferney.

(2) *Genonville de pleurs en a semé l'espace,*
D'Argental d'heureux jours.

Personne n'a mieux cultivé & plus dignement chanté l'amitié que M. de Voltaire, mais l'on ne se trompe peut-être pas en disant que cette passion répandit sur sa vie autant d'amertume que de douceur. Il eut le malheur, étant encore très-jeune, de perdre plusieurs de ses intimes amis, entre autres M. de Genonville, dont il ne parlait jamais depuis, sans attendrissement & sans regrets. Qui ne connaît ce beau monument de sa douleur ?

Toi, que le ciel jaloux ravit dans son printemps,
Toi, de qui je conserve un souvenir fidele
Vainqueur de la mort & du temps ;
Toi, dont la perte, après dix ans,
M'est encor affreuse & nouvelle, &c.

La mort de Madame la Marquise Duchatelet ne

lui a pas moins coûté de larmes. D'un autre côté, M. de Voltaire a eu l'avantage de ne pas survivre à quelques autres de ses plus anciens amis, également respectables, dont le commerce, pendant soixante années, a dû lui rendre moins insupportables les pertes qu'il avait faites. De ce nombre sont M. le Maréchal de Richelieu, M. le Comte d'Argental, Ministre Plénipotentiaire de Parme à Paris, Madame la Marquise Dudeffant, &c., & dans des temps moins reculés, il acquit encore l'amitié de M. d'Alembert, M. Marmontel, M. le Marquis Albergati Capacelli, de Venise, &c. &c.

(3) *Je vois les plus grands Rois sous le dais se troubler*, &c.

Les plus illustres souverains qui ont regné dans ce siecle, ont témoigné à M. de Voltaire un attachement bien honorable pour les lettres. On distingue parmi eux le Roi Stanislas de Pologne, le Pape Benoît XIV, Madame la Margrave de Bareith, & sur-tout Fréderic le Grand, Roi de Prusse, & l'Impératrice de Russie, Catherine II. Leur correspondance avec un philosophe solitaire, formerait un monument bien précieux pour la littérature & pour la postérité. Nul autre, sans doute, ne pourrait lui être comparé, soit dans l'antiquité, soit chez les modernes. Car les lettres qui nous restent de l'Empereur Julien aux philosophes Maxime, Porphire, Jamblique, Libanius, &c., & leurs réponses sont en très-petit nombre, & quoique fort intéressantes par le nom de leurs auteurs, & par le temps où elles furent écrites, elles n'approchent d'ailleurs à aucun égard, du recueil dont nous parlons.

(4) *Rome ſait bien placer dans l'empire céleſte, &c.*

Si les Romains n'avaient décerné les honneurs de l'Apothéoſe qu'à ceux de leurs Empereurs, dont la mémoire eſt encore chere à tous les hommes, & qui ſe ſont illuſtrés par leurs vertus & leur génie, autant que par leurs talents militaires, comme les Antonins, Trajan, Titus, & même ce Julien, vengeur & bienfaiteur de la Gaule, littérateur, philoſophe & guerrier, défenſeur zélé de l'ancienne Religion de l'Empire & de ſes Peres; (car on ne peut ſe diſſimuler que ce qui fait ſon crime aux yeux de quelques perſonnes, & qui donna lieu à toutes les calomnies puériles des Écrivains du moyen âge, ne dût être ſa principale vertu aux yeux des Payens.) Si les Romains, dis-je, n'avaient bâti des temples qu'à de tels hommes, on ſerait tenté peut-être de pardonner leur idolâtrie, parce qu'enfin ces héros valaient beaucoup mieux que ce que toute l'antiquité appellait ſes grands Dieux (*dii majores* ou *majorum gentium.*) Mais à la honte du nom Romain, les mêmes récompenſes étaient accordées aux uſurpateurs, aux monſtres de toute eſpece & aux plus grands hommes; & l'Apothéoſe qui, dans l'origine, n'était que le prix des vertus ou des ſervices ſignalés, rendus à la patrie, devint dans la ſuite un uſage ridicule, renouvellé à la mort de chaque Empereur.

(5) *Du jeune Séſoſtris?*

Tout le monde ſe rappelle la jolie piece de vers de M. de Voltaire, intitulée : *Séſoſtris*; allégorie dont la juſteſſe devient plus ſenſible de jour en jour.

(6) On prétend que le laurier qui croît ſur le tombeau de Virgile, près de Naples, y eſt né ſpontanément, & conſerve ſa premiere vigueur, depuis près de deux mille ans. Cette fiction des Napolitains paraît être beaucoup plus goûtée de toute l'Europe que celle de leur San-Gennaro. M. de Voltaire y faiſait alluſion, lorſqu'il préſenta autrefois au Roi de Pruſſe, de la part de Madame la Margrave de Bareith, ſœur de ce Monarque, une branche de laurier, avec ces vers :

Sur l'urne de Virgile un immortel laurier,
De l'outrage des temps ſeul a pu ſe défendre
Toujours vert & toujours entier.
Je voulais le cueillir & n'oſais l'entreprendre ;
Prévenant mon effort je l'ai vu ſe plier,
Et cette voix s'eſt fait entendre :
» Approche, auguſte ſœur du rival d'Alexandre,
» Fréderic de ma lyre eſt le digne héritier.
» J'y joins un nouveau don que lui ſeul peut prétendre ;
» Déja ſon front par Mars fut cinq fois couronné ;
» Qu'aujourd'hui par ta main, il ſoit encore orné
» Du laurier qu'Apollon fit naître de ma cendre. »

Fin des Notes de l'Ode.

ÉLOGE DE VOLTAIRE,

Par M. PALISSOT.

LA gloire de M. DE VOLTAIRE n'eſt pas reſſerrée dans les ſeules limites de ſa patrie. C'eſt à l'Europe entiere, attentive aux premiers jugemens qui vont être portés ſur cet Écrivain célebre; c'eſt à notre ſiecle & à la poſtérité, toujours juſte, mais toujours ſévere, que nous ſerons reſponſables de ce que nous allons écrire: & nous aimons à nous pénétrer de cette vérité, pour nous défendre ici de toute paſſion, de tout enthouſiaſme. Écartons également & les éloges donnés par l'adulation, & les ſatyres plus prodiguées encore par la haine; & tâchons de ſaiſir, avec impartialité, ce qui doit caractériſer à jamais cet homme rare, cet homme ſingulier; &, pour parler d'avance le langage de nos deſcendans, cet homme unique.

MARIE-FRANÇOIS AROUET DE VOLTAIRE naquit à Paris, le 20 Février 1694, de François Arouet, Payeur des Épices & Receveur des Amendes à la Chambre des Comptes, & de Marie-Marguerite Daumart. Paſſons rapidement ſur les diſpoſitions prématurées de ſon enfance; mais arrêtons-nous un moment ſur cette longue ſuite de ſingularités brillantes qui ſe ſuccéderent, ſans interruption, dans tout le cours de ſa vie, & qui en ont fait un homme tel que les ſiecles précédens n'en avaient point encore vu, & tel que les ſiecles poſtérieurs n'en reverront peut-être jamais.

Parmi ces ſingularités, il en eſt d'un ordre purement phyſique. C'en eſt une, par exemple, que cette heureuſe organiſation capable de ſuffire à l'application la plus continue, & qui, ſans être aſſujettie aux variations du temps, ne ſe délaſſait du travail que par le travail même. Malgré une conſtitution très-délicate en apparence, aucun homme n'a été à la fois plus précoce que M. de Voltaire, & n'a joui d'une vieilleſſe plus ſaine & plus robuſte. Aucun n'a commencé ſa carriere d'une maniere plus brillante, & ne l'a terminée avec plus de gloire. Non-ſeulement il a ſuffi à des travaux littéraires, qui auraient donné matiere à trente réputations diſtinguées, mais à des ſoins qui ſemblaient incompatibles avec cette paſſion toujours prédominante pour l'étude. M. de Voltaire n'était étranger ni aux ſpéculations du commerce, ni à celles de la finance : il a ſu conſerver & augmenter ſa fortune. Il a trouvé du temps pour les plaiſirs ; il en a trouvé pour entretenir dans toute l'Europe, la correſpondance la plus vaſte qu'aucun particulier ait jamais eue, ſoit avec les ſavans & les artiſtes les plus recommandables de ſon ſiecle, ſoit avec pluſieurs Souverains, qui l'ont honoré d'une intimité (1) dont la gloire doit rejaillir à jamais ſur les Lettres, & dont le monde n'avait pas vu d'exemples depuis les temps de Philippe & d'Alexandre (2). Il en a trouvé pour ſe rendre utile à une foule d'infortunés célebres, qu'il a défendus par ſon éloquence. Enfin il a trouvé celui de fonder, à quelques lieue des

Geneve, une Colonie florissante, Colonie dont il n'a jamais cessé d'être le bienfaiteur, devenue orpheline par sa mort, & qui s'est montrée digne de ses bontés par sa reconnaissance. Nous ne parlons ici que de faits connus, avoués par les ennemis mêmes de M. de Voltaire, & sur lesquels l'envie qui veille encore auprès de sa tombe, ne peut jetter aucun nuage.

Le moral, dans cet homme singulier, n'offrit pas moins de phénomenes que le physique. C'est à l'âge de dix-huit ans qu'il fit sa premiere Tragédie; &, comme nous l'avons dit après la Motte, qui eut le mérite de le prévoir, & le courage de l'annoncer, Corneille & Racine eurent un successeur. C'était un prodige qu'un pareil début; mais par un prodige plus grand encore, il méditait, dès-lors, le seul ouvrage de génie qui n'eût pas été tenté dans le siecle de Louis XIV, ou du moins qui l'avait été si malheureusement, qu'il ne reste de tous ces essais aucun vestige. Il conçut le projet de la *Henriade*, & la France fut étonnée de devoir son premier Poëme épique à un Auteur de vingt-quatre ans. Le même homme est devenu depuis le rival de l'Arioste dans un autre Poëme. Le même a été l'historien de Pierre le Grand, de Charles XII, de Louis XIV, & celui de toutes les nations depuis Charlemagne jusqu'à nos jours. Le même a étendu la carriere de l'histoire, trop resserrée avant lui, dans les détails de la politique & de l'ambition des Princes; comme s'il était de la destinée des peuples, de leur être sacrifiés en tout & jusques dans les Annales du monde. Il a fait sentir le premier cette espece d'outrage fait au genre humain; & ce que les historiens avaient jusqu'alors le plus négligé, l'influence de l'opinion sur les malheurs de la terre, les loix, les usages, les mœurs, les progrès des sciences & des arts, devinrent le principal objet de ses recherches. Cette révolution de l'histoire, perfectionnée par la philosophie, est, peut-être, une des choses qui lui a donné le plus de droits à l'admiration de ses contemporains, & à la reconnaissance de la postérité. Le même a enrichi notre littérature d'un nouveau genre de romans, & d'une foule de poésies légeres, saillies rapides d'une imagination inépuisable, toujours active, toujours brillante, & dont quelques-unes ont un caractere original qui n'appartient qu'à lui ſeul, & du goût le plus exquis (*). Le même a meſuré la hauteur & fixé, pour ainſi dire, les limites du génie de Corneille, dans un Commentaire qui dût déplaire d'abord aux admirateurs paſſionnés de ce grand homme, non-ſeulement par quelques expreſſions trop dures (‡), & par quelques jugemens haſardés, que

(*) Telles que l'Épître des *Tu & des Vous*, & quelques autres Pieces de ce genre charmant.

(‡) Il ſerait à ſouhaiter, ſans doute, que dans ce Commentaire l'Auteur ſe fût interdit quelques-unes de ces expreſſions trop ameres, & qui ſembleraient injurieuſes à la mémoire de Corneille, ſi M. de Voltaire n'eût pas témoigné, en mille autres endroits, toute l'admiration dont il était pénétré pour ce génie créateur. L'humeur, qui paraît percer, ſur-tout dans les dernieres éditions de cet ouvrage, n'était pas contre Corneille, mais contre les admirateurs fanatiques de ce grand homme, qui s'étaient preſſés de publier d'avance que ce Commentaire ne ſerait qu'une ſatyre dictée par l'envie, & qui, dès qu'il parut, ne manquerent pas de s'élever contre les remarques les plus juſtes, avec une fureur aveugle, qui prouvait aſſez qu'ils n'étaient pas dignes de ſe paſſionner pour Corneille. M. de Voltaire, par une ſuite de ſon caractere bouillant, impétueux, & porté naturellement à la colere, mit alors moins de ménagement & plus de ſévérité dans des obſervations,

nous y reconnaissons comme eux, mais parce que l'admiration superstitieuse se refuse à tout examen, à toute discussion sur l'objet de son culte. Pour nous, exempts de ces préjugés, plus capables d'affaiblir, que d'augmenter la vénération qu'on doit à Corneille, loin de blâmer le courage de son Commentateur, nous nous le proposons, au contraire, pour modele; & rien n'attestera mieux la

---

d'ailleurs judicieuses: & à des yeux préoccupés, ces expressions, trop dures, donneront toujours quelque prise à ses censeurs. Malheureusement, en blessant la sensibilité de M. de Voltaire, il n'était que trop aisé de le précipiter vers les extrêmes. Ses adulateurs & ses ennemis n'ignoraient pas ce fatal secret; & c'est à l'adresse perfide avec laquelle les uns & les autres abusaient également de son caractere, qu'on doit imputer une partie de ses fautes. Personne n'a eu le goût plus sûr que lui, quand il n'était pas dominé par l'humeur. Personne n'a été, quelquefois, plus injuste, lorsqu'il avait le malheur d'être, sans le savoir, l'instrument des passions de ceux qu'il regardait comme ses amis: mais il n'est guere de ces injustices, dans ses ouvrages, qui ne soient réparées, ou dans un volume précédent, ou dans un volume postérieur; & la meilleure maniere de saisir sa véritable façon de penser, c'est de l'opposer à lui-même.

ſincérité de nos ſentimens pour M. de Voltaire, que notre reſpect pour la vérité.

Enfin, il était réſervé encore à cet homme unique, de nous donner les premieres notions de la littérature anglaiſe ; de nous familiariſer avec la métaphyſique de Locke ; de nous inſtruire des découvertes de Newton ; de nous encourager à la pratique hardie, mais ſalutaire, de l'inoculation, dont perſonne, en France, n'avait parlé avant lui, & qu'on a tentée depuis ſur les têtes les plus précieuſes, les plus cheres à la nation ; de combattre en philoſophie, en littérature, en hiſtoire, une multitude de préjugés ; d'approfondir, en paraiſſant les effleurer, ſoit dans ſes *Mélanges*, ſoit dans ſes *Queſtions encyclopédiques*, un nombre à peine croyable d'idées curieuſes & intéreſſantes, & de nous laiſſer, dans le vaſte Recueil de ſes Œuvres, une bibliotheque immenſe, émanée de ſon ſeul génie.

A le conſidérer comme Poëte épique, la *Henriade*, ainſi que nous l'avons déja obſervé, n'avait eu, parmi nous, aucun modele digne de quelque attention. Nous accordons aux censeurs de M. de Voltaire, que cet ouvrage a dû nécessairement se ressentir de la jeunesse de l'Auteur; que s'il en eût conçu le plan dans un âge plus mûr, l'ordonnance en eût été plus riche & plus imposante; que l'antithese y serait plus ménagée; qu'au lieu de se borner à des portraits, d'un coloris, à la vérité, très-brillant, l'Auteur eût peint ses personnages d'une maniere plus grande, en les faisant agir; qu'il eût moins négligé la partie dramatique, & donné, par conséquent, plus d'intérêt à son Poëme. Mais puisque, dans un siecle, enrichi de toutes les merveilles du siecle de Louis XIV, la *Henriade* a été tant de fois réimprimée, puisqu'elle a été traduite dans toutes les langues de l'Europe, & même dans les langues savantes, puisqu'enfin la nation n'a, jusqu'ici, rien de comparable, en son genre, à ce bel ouvrage, ne soyons point assez injustes, assez ennemis de notre gloire, pour méconnaître ses beautés, en convenant de ses fautes.

Gardons-nous d'abaisser la majesté du seul Poëme Épique que nous ayions, sous prétexte que Boileau nous a donné, dans le *Lutrin*, un chef-d'œuvre de plaisanterie. C'est confondre toutes les bornes des arts, que de comparer ainsi des choses qui sont évidemment hors de toute comparaison.

Rendons justice au goût de l'Auteur, qui a su faire un Poëme très-court, & en exclure tout cet échafaudage de merveilleux antique, qui eût paru si déplacé dans notre Religion, dans nos usages, dans nos mœurs, enfin dans un sujet si rapproché de l'âge où nous vivons.

N'oublions pas l'heureux choix de ce même sujet, qui le rendra toujours cher à la nation, la richesse des détails, le charme du coloris, l'élégance continue du style, &, ce qui nous le rend plus précieux encore, l'horreur qu'il inspire de la persécution, du fanatisme, de la superstition, & de tous ces attentats sacrés qui ont désolé la terre depuis dix-huit siecles.

N'oublions pas que l'Auteur a prouvé depuis, qu'il pouvait atteindre à ces beautés essentielles & fondamentales, dont la *Henriade* paraîtra toujours un peu trop dénuée à des yeux séveres ; & que, dans un autre Poëme, il s'est montré le digne émule de l'Arioste. Enfin, si quelques censeurs inflexibles s'obstinaient encore à lui reprocher les imperfections échappées à sa jeunesse, que ces censeurs, du moins, nous indiquent un homme capable, au même âge, d'un pareil effort. Chose vraiment admirable dans la destinée de ce grand homme, qu'il ne puisse descendre de sa supériorité dans quelque partie, sans que ce désavantage ne soit aussi-tôt compensé par un prodige ! car c'en était un que d'avoir conçu le projet de la *Henriade* à vingt ans.

Mais que le même Poëte, à qui nous devons, dans le genre de l'Épopée, deux Ouvrages d'un caractere si différent, ait encore enrichi le Théatre des plus belles Tragédies que nous ayions vues depuis celles de Racine ; qu'après avoir ouvert sa carriere dramatique à dix-huit ans, il l'ait finie, comme Sophocle, à quatre-vingt-quatre, par une Piece où l'on reconnaissait encore la vigueur de son génie (3) : c'est ici que l'étonnement augmente, & doit nécessairement se changer en admiration.

On a répété souvent que M. de Voltaire avait donné le premier à l'action tragique plus de dignité, plus d'appareil, plus de pompe, en un mot, plus d'illuſion théatrale, & qu'il l'avait purgée de ces intrigues d'amour, mêlées ſi fréquemment & ſi mal-adroitement aux ſujets les plus terribles de la ſcene antique. Mais gardons-nous de ces éloges indiſcrets, que ce grand homme déſavoûrait lui-même. Racine, dans *Athalie*, avait donné le premier exemple d'une Tragédie ſans amour, & ſoutenue, d'ailleurs, du ſpectacle le plus majeſtueux & le plus impoſant. Racine avait porté l'art à ce degré de perfection *déſeſpérante*, comme on l'a dit très-heureuſement, qui ne laiſſe plus de place à la rivalité. Racine était donc le ſeul homme dont M. de Voltaire eût à redouter la comparaiſon; & c'eſt celui qu'il a toujours loué avec tranſport, avec cette éloquence énergique & attendriſſante, qui ne peut venir que du cœur (4). Nous ne connaiſſons rien, dans ſa vie, qui l'honore autant que ce trait, qui décele mieux ſa véritable ſupériorité : & c'eſt une barriere invincible que nous oppoſerons toujours à ceux qui l'ont accuſé de jalouſie.

Mais ſi M. de Voltaire n'a fait aucun chef-d'œuvre qui puiſſe être comparé, en ſon entier, aux chef-d'œuvres de Racine; si ses plans manquent en général de cette régularité, de cette sagesse qu'on admire dans ceux de notre Euripide; si les parties en sont moins heureusement enchaînées; s'il a fondé, quelquefois, ses grands effets sur de trop petits moyens; s'il a donné le dangereux exemple des maximes trop prodiguées, des beautés déplacées, qui laissent voir trop souvent le Poëte à la place de ses personnages; si c'est à lui, enfin, que les vrais connaisseurs assigneront l'époque de la décadence naissante de l'art, quels efforts de génie n'a-t-il pas faits, depuis *Œdipe* jusqu'à *Tancrede*, pour le soutenir dans le degré de perfection le plus voisin de celui auquel il ne pouvait plus atteindre, parce que Racine l'avait devancé! Nous avons dit que nous nous permettrions, à son égard, la même liberté qu'il s'est permise à l'égard de Corneille; & l'on sent trop que notre intention ne saurait être de le rabaisser. Si véritablement il n'a point perfectionné l'art, lorsqu'il ne pouvait plus se perfectionner, il a su lui donner, du moins, par les grandes vues morales, & par les sentimens d'humanité qui respirent dans toutes ses Tragédies, un nouveau degré d'importance & d'utilité. Il a su mériter, en se créant des routes nouvelles, la gloire d'être en effet un digne successeur de Corneille & de Racine. Si le caractere dominant du premier de ces Poëtes lui assure la premiere place aux yeux de ceux à qui les maximes d'état & de politique paraissent ce qu'il y a de plus imposant chez les hommes; si le second doit l'emporter au jugement des ames sensibles, qui se plaisent dans la peinture des grandes passions, dont elles ont éprouvé les orages, il nous semble que M. de Voltaire doit plaire davantage à celles qu'une philosophie douce & tendre intéresse plus vivement au bonheur de l'humanité, & qu'enfin il est, plus qu'aucun de ses deux rivaux, le Poëte des philosophes.

Ce n'est pas qu'il n'ait eu des succès mérités & brillans dans les parties mêmes qui caractérisent le plus spécialement ces fondateurs de la scene. Qui ne s'attendrirait point avec *Zaïre*, ne serait touché que faiblement des larmes d'*Andromaque*. Qui ne sentirait pas les beautés mâles & fieres de *Brutus*, de la *Mort de César*, de *Rome sauvée*, ne serait pas digne d'admirer Corneille. Enfin, Crébillon, homme de génie, ſans doute, mais placé à un trop grand intervalle des deux grands hommes dont on vient de parler, n'a rien de plus tragique & de plus ſombre, dans le genre qui lui eſt propre, que les ſcenes vraiment terribles de *Sémiramis* & de *Mahomet*.

Cependant nous devons répéter, pour l'honneur de l'art, que tous ces ſuccès ſi multipliés de M. de Voltaire, ne lui laiſſent que la premiere place après Racine. Si ſon Théatre eſt plus varié, ſi ſes ſituations paraiſſent quelquefois plus déchirantes que celles de ſon illuſtre prédéceſſeur, il ne doit ces avantages du moment qu'à des invraiſemblances que le goût de Racine ne ſe fût jamais permiſes. On voit qu'il a trop ſacrifié à l'effet, qu'il s'eſt livré, dans ſes plans, à un merveilleux trop recherché, trop romaneſque, & qu'il n'a point été aſſez ſévere ſur le choix de ſes moyens dramatiques. On voit, en un mot, qu'il ne doit cette apparence de ſupériorité qu'à des fautes contre l'art même : fautes qui ſeront exagérées par des imitateurs qui n'auront pas ſon génie, & qui entraîneront enfin la corruption du goût, & la décadence entiere du Théatre.

C'eſt pourtant à ce genre de beautés fortement tragiques, que nous ſommes redevables du haut degré où l'art de la repréſentation a été porté, pendant quelques années, ſur notre ſcene. Aucun acteur, à ce que nous atteſte M. de Voltaire lui-même, qui avait vu Baron & Mademoiſelle le Couvreur, n'avait ſu rendre ces emportemens de la nature qui ſe peignent par un mot, par une attitude, par un ſilence, par un cri qui échappe à la douleur. » Nous ne commençâmes à connaître ces grands traits que par » Mademoiſelle Dumeſnil, lorſque, dans *Mérope*, les yeux égarés, la voix entrecoupée, » levant une main tramblante, elle allait immoler ſon propre fils, quand *Narbas* l'arrêta; » quand, laiſſant tomber ſon poignard, on la vit » s'évanouir entre les bras de ſes femmes, & » qu'elle ſortit de cet état de mort avec les » tranſports d'une mere; lorſqu'enſuite s'élançant aux yeux de *Poliſonte*, traverſant, en un » clin d'œil, tout le Théatre, les larmes dans les » yeux, la pâleur ſur le front, les ſanglots à la » bouche, les bras étendus, elle s'écria: *Barbare*, » *il eſt mon fils* (5)! »

Ce n'eſt que par *Mahomet*, par *Sémiramis*, par *Tancrede*, que nos acteurs, au lieu de déclamer, apprirent à devenir des peintures vivantes, & non-ſeulement à exprimer, comme il convenait, ces grands mouvemens de pathétique & de terreur dont M. de Voltaire a donné tant d'exemples ; mais à repréſenter dignement le cinquieme Acte de *Rodogune*, *Athalie*, *Phedre*, *Iphigénie*, & tous les chef-d'œuvres de notre ſcene.

Cependant on oppoſait ſucceſſivement à M. de Voltaire une foule de concurrens qui n'approchaient pas de ſa renommée. On lui diſputait le titre d'homme de génie, tandis qu'on le prodiguait à Piron, qui, véritablement, avait eu le mérite de faire une des meilleures Comédies qu'on eût vues depuis Moliere ; mais très-inférieure aux chef-d'œuvres de ce grand homme. Si l'on en croyait ces judicieux appréciateurs des réputations, M. de Voltaire ne devait la ſienne qu'aux maîtres de l'art qui l'avaient devancé. Il n'eût été rien par lui-même : mais ayant ſous les yeux les belles Tragédies de Corneille, de Racine & de Crébillon, qu'on ne mettait au niveau des deux autres que pour en éloigner davantage

vantage celui qu'on voulait déprimer ; il n'était pas surprenant qu'un très-bel-esprit (comme ils le nommaient) eût acquis quelque gloire dans une carriere toute tracée par le génie de ses prédécesseurs. C'est ainsi que les ennemis de Racine avaient affecté de publier qu'il devait tout à Corneille. L'envie se répete elle-même, & n'a en effet que ce triste moyen d'humilier tout homme supérieur qui s'éleve après d'autres hommes supérieurs : mais c'est, au contraire, cette foule d'excellens ouvrages dont la scene était enrichie, & cette perfection où l'art semblait porté, qui redouble notre admiration pour M. de Voltaire. C'est lorsqu'un genre commence à s'épuiser, qu'il devient plus difficile au génie même de s'ouvrir des routes nouvelles, de se former encore une maniere à soi, & d'égaler du moins en partie, des rivaux qu'on devait désespérer d'atteindre. Racine dut étonner son siecle, précisément parce qu'il était venu après Corneille ; Crébillon s'est fait, à son tour, une réputation imposante, pour avoir soutenu celle du Théatre, après ces deux grands hommes, par deux ou trois Pieces d'un caractere vraiment tragique, & qui passeront à la postérité malgré leurs défauts, & le style barbare qui les défigure trop souvent. Soyons justes : M. de Voltaire, qui est venu le dernier, n'eût-il fait que *Mahomet* & *Alzire*, sera toujours compté parmi nos plus grands tragiques ; & rien n'atteste mieux sa supériorité, que d'avoir mérité ce rang lorsqu'il semblait impossible d'y parvenir. Mais quelle idée plus grande encore ne se formera-t-on pas de cet Écrivain célebre, si l'on ajoute à ces deux Tragédies *Œdipe*, la premiere & l'une des meilleures qu'il ait faites, *Zaïre*, *Semiramis*, *Brutus*, *Adélaïde*, *Mérope*, & tant d'autres, toutes accueillies avec transport, toutes assez belles pour rendre les connaisseurs incertains, s'il était question d'établir entr'elles quelque préférence ; & si l'on pense que le même homme, dans le genre de la Comédie du second ordre, a donné l'*Enfant prodigue* & *Nanine*, qu'il a tenté d'autres succès encore, & qu'enfin il a parcouru toutes les branches de l'art dramatique !

Nous ne dissimulerons pas que, depuis *Tancrede*, il ne soit échappé à l'auteur plusieurs pieces où l'empreinte de son génie paraît effacée : mais c'est un tribut qu'il a payé à la vieillesse ; & nous devons ajouter que si, dans ses premiers ouvrages, il ne s'est pas élevé jusqu'à la hauteur du génie de Corneille, il ne s'est point abaissé, dans les derniers, au degré d'*Agésilas* & de *Pertharite*. S'il est au-dessous de lui-même, il nous semble très-supérieur encore, dans les *Scythes*, dans *Olympie*, à tout ce que nous offrent de plus soigné ceux de nos jeunes auteurs, qui, peut-être, s'enivrent le plus de l'espoir de le remplacer. On n'y retrouve point, à la vérité, le style enchanteur de sa jeunesse : mais on y retrouve toujours sa clarté, sa correction, & sur-tout de grandes vues, qui manquent principalement à nos jeunes écrivains. On sait que, non-seulement, dans ses dernieres Pieces de Théatre, mais dans tout ce qu'il écrivait en vers alexandrins (6), il s'était formé, depuis quelques années, une maniere expéditive, beaucoup trop négligée, & qui, malheureusement, n'aura que trop d'imitateurs. Ce n'est que dans sa prose (*), & dans ses poésies légeres, qu'il

(*) Il a toujours conservé dans sa prose un tour

a conſervé juſqu'à ſes derniers jours le charme de ſes premiers écrits ; & Racine & lui, comme nous l'avons dit ailleurs, ſont les ſeuls qui aient eu le double mérite d'écrire en vers & en proſe avec une égale ſupériorité.

En achevant de parcourir la carriere immenſe de ſes travaux, nous nous croyons obligés de rappeller à nos lecteurs que c'eſt toujours du même homme que nous parlons. C'eſt à lui que nous devons encore, & ces hiſtoires particulieres que nous avons déja indiquées, & ce vaſte *Eſſai ſur les Mœurs & ſur l'Eſprit des Nations*, ouvrage plein de recherches, & qui pouvait occuper la vie entiere d'un écrivain laborieux.

Perſonne ne lui a diſputé cette maniere d'écrire toujours agréable & toujours intéreſſante, qui le fait lire avec tant de plaiſir par les in-

---

original, un caractere purement à lui, qui le faiſait reconnaître dès les premieres lignes. Le ſeul trait de décadence que l'on y remarque, vers les derniers temps, c'eſt le mélange de quelques plaiſanteries déplacées à côté des choſes les plus ſérieuſes.

grats mêmes qui voudraient se refuser le plus au sentiment pénible d'une admiration qui les humilie : mais on a dit que le style de l'auteur n'était pas toujours celui de l'histoire ; & véritablement, (car nous ne voulons rien dissimuler) M. de Voltaire s'est permis, de loin à loin, quelques traits d'ironie, qui semblent déroger un peu à la gravité du style historique. On souhaiterait que ces petites taches, quoique très-rares, fussent effacées par un éditeur sévere. On sent bien qu'on ne retrancherait à l'auteur que de l'esprit, & que même on serait tenté de le regretter : mais on le sacrifierait aux convenances, & d'ailleurs on lui laisserait tant de beautés !

C'est dans le genre de l'histoire, sur-tout, que M. de Voltaire a répandu cet esprit de tolérance & de paix, d'humanité & de bienfaisance, qui le caractérise essentiellement. Les oppresseurs y sont peints sous des couleurs si odieuses, les opprimés y deviennent si intéressans, qu'il est peu d'ames qui n'éprouvent, en le lisant, la douce illusion de se croire meilleures. Les calamités de la guerre, celles de l'opinion, plus terribles encore, enfin les malheurs du monde y sont préfentés de maniere à faire desirer que l'auteur soit, plus qu'aucun autre, l'historien des Rois. L'indépendance de leurs couronnes n'est, nulle part, plus respectée & plus solidement établie : mais les droits imprescriptibles de l'humanité n'ont jamais eu de défenseur plus courageux. C'est, en ce sens, de tous les genres que M. de Voltaire a traités, celui qui doit le rendre le plus cher aux Princes, dont il accoutume l'oreille à entendre la vérité, & aux peuples, dont il soutient la cause en philosophe éloquent & sensible. C'est celui dans lequel il s'est montré le meilleur citoyen, & par qui nous croyons qu'il a le mieux mérité de son siecle & de l'avenir.

L'envie, qui se plaît à prodiguer les accusations vagues, qu'elle sait bien qu'on n'éclaircira jamais, & dont la discussion même est presque toujours impossible, n'a pas manqué de reprocher à M. de Voltaire d'avoir eu trop peu de respect pour la vérité ; d'avoir altéré les faits, au gré de son imagination, & pour le seul plaisir de les dénaturer ; d'être enfin un romancier agréable, plutôt qu'un historien véridique. Cela était si facile à dire, & si difficile à prouver, qu'en effet l'envie ne pouvait guere choisir d'imputation qui fût plus dans son caractere, mais à laquelle, en même-temps, il fût plus aisé de la reconnaître. Nous avons entendu répéter cent fois ces objections parasites, soit à des soupés, où l'on sait bien qu'une dissertation ne sera point admise, soit dans quelques-unes de ces conversations frivoles, où le passage continuel & rapide d'une matiere à l'autre, ne permet d'en approfondir aucune ; & nous n'avons jamais daigné répondre à ces détracteurs de M. de Voltaire, qui choisissaient si adroitement leur champ de bataille. Mais nous avons pesé, dans le silence, ces accusations si fréquemment renouvellées, ou par d'agréables ignorans, qui n'ont pas la plus légere idée des choses dont ils parlent, ou par ces manœuvres de la critique, éternels échos des sottises qui ont été dites avant eux. Nous avons trouvé, sans doute, dans M. de Voltaire, comme dans nos historiens les plus accrédités, des erreurs qu'il faut bien se garder de confondre avec les mensonges, mais en bien plus petit nombre qu'on ne le croit communément ; & nous osons dire qu'en ce qui regarde particuliérement la France, il en est beaucoup moins que dans le Président Hénault. Il y a plus d'erreurs dans le petit Livre de Nonotte, intitulé : *Les Erreurs de Voltaire*, que dans les huit ou dix volumes in-4°., uniquement consacrés à l'histoire dans la Collection de ce grand homme : c'est, peut-être, ce que nous prouverons ailleurs. On a supposé volontiers que dans la longue époque des guerres de l'Empire & du Sacerdoce, M. de Voltaire s'était fait un plaisir malin d'exagérer les scandales de l'Église. Qu'on le compare avec Fleury, qui n'est point suspect, avec Baronius (*), historien dévoué aux maximes ultramontaines, & on le trouvera modéré. Nous avons même peu d'Écrivains qui aient parlé du Clergé de France avec plus de décence & de circonspection. Mais nous voulons bien n'en être pas crus sur notre parole ; & nous opposerons seulement aux détrac-

(*) Cette époque d'ignorance & de crimes était, selon Baronius, *un siecle de fer & de plomb*. Il ne craint pas d'appeller ces scandales *les naufrages de l'Église romaine*.

teurs de M. de Voltaire, en matiere d'histoire, une autorité qui forcera du moins les ames impartiales à suspendre leur jugement. On connait le savant tableau des progrès de la société en Europe, depuis la destruction de l'Empire Romain jusqu'au commencement du seizieme siecle, qui sert d'introduction à l'*Histoire de Charles-Quint*, par le célebre Robertson. Voici le témoignage que cet étranger rend à M. de Voltaire.

» Dans toutes mes discussions sur les progrès » du Gouvernement, des mœurs, de la littéra» ture & du commerce pendant les siecles du » moyen âge, ainsi que dans l'esquisse que j'ai » tracée de la constitution politique des divers » États de l'Europe, au commencement du seizieme » siecle, je n'ai pas cité une seule fois M. de Vol» taire, qui, dans son *Essai sur l'Histoire gé» nérale*, a traité le même sujet, & examiné le » même période de l'histoire. Ce n'est pas que » j'aie négligé les ouvrages de cet homme extra» ordinaire, dont le génie, aussi hardi qu'univer» sel, s'est essayé dans presque tous les genres de » compositions littéraires. Il a excellé dans la » plupart; il est agréable & instructif dans tous;

» *on regrette ſeulement qu'il n'ait pas reſ-*
» *pecté davantage la Religion* (*). Mais comme
» il imite rarement l'exemple des hiſtoriens mo-
» dernes, qui citent les ſources d'où ils ont tiré
» les faits qu'ils rapportent, je n'ai pu m'appuyer
» de ſon autorité pour confirmer aucun point
» obſcur ou douteux. Je l'ai cependant ſuivi
» comme un guide dans mes recherches ; & il
» m'a indiqué, non-ſeulement les faits ſur leſ-
» quels il était important de s'arrêter, mais en-
» core les conſéquences qu'il fallait en tirer. S'il
» avait, en même-temps, cité les livres origi-
» naux, où les détails peuvent ſe trouver, il
» m'aurait épargné une grande partie de mon tra-
» vail ; & pluſieurs de ſes lecteurs, qui ne le regar-
» dent que comme un écrivain agréable & inté-
» reſſant, verraient encore en lui *un hiſtorien*
» *ſavant & profond.* »

(*) Cette phraſe, que nous nous ſommes bien gardés de ſupprimer, prouve, à la fois, l'impartialité de M. Robertſon & la nôtre : mais il faut obſerver que M. Robertſon, Hiſtoriographe du Roi d'Angleterre pour l'Écoſſe, eſt, en même-temps, Docteur en Théologie, & principal de l'Univerſité d'Édimbourg.

Que les lecteurs pesent ce témoignage d'un homme instruit ; cette justice rendue à M. de Voltaire par un Anglais, très-profond lui-même dans l'histoire ; & qu'ils jugent du mépris que méritent d'ignorans Zoïles, qui ne cessent de le calomnier dans sa patrie.

Nous nous sommes étendus sur les principales branches de la réputation de M. de Voltaire, & nous sommes encore loin d'avoir tout épuisé : mais c'est un éloge, & non un volume que nous avons entrepris. Faisons actuellement la part de l'envie, & parlons des faiblesses de ce grand homme. Il les dut toutes à une sensibilité trop délicate, trop ombrageuse, & qui se tournait facilement en colere. Naturellement bon, humain, généreux, comme il est aisé de le prouver par une suite non interrompue de belles actions dont sa vie est semée, les contrariétés, les injustices, les persécutions, aigrirent quelquefois son caractere, au point de lui inspirer, du moins en apparence, des haines très-violentes. Le fiel coula de sa plume, non-seulement contre une foule de détracteurs obscurs qu'il aurait dû mépriser, mais contre des hommes que leur mérite aurait dû lui rendre ſacrés, quoiqu'ils euſſent eu le malheur d'être ſes ennemis. Tel fut ſon acharnement contre Jean-Baptiſte Rouſſeau, & contre un grand homme du même nom, dont il avait eu plus encore à ſe louer qu'à ſe plaindre.

L'un & l'autre, à la vérité, avaient eu des torts avec lui. Jean-Baptiſte Rouſſeau, après en avoir parlé comme de la plus riche eſpérance de la nation (7), après avoir donné à la Tragédie d'*Œdipe* & à la *Henriade* les plus grands éloges, parut devenir jaloux, & finit par comparer leur auteur à Pitaval & à Gacon. Nous oſons croire que M. de Voltaire lui aurait pardonné ces injures, mépriſables à force d'être extrêmes: mais Rouſſeau, victime d'une accuſation injuſte, & qui devait être d'autant plus réſervé à accuſer perſonne, qu'il avait éprouvé lui-même ce que la perſécution a de plus cruel, ſe permit de dénoncer M. de Voltaire, dans quelques-unes de ſes Lettres, comme l'auteur de l'*Épître à Uranie*. Cette accuſation, inexcuſable, ſi elle était un abus de confiance, plus inexcuſable encore, ſi Rouſſeau l'avait hazardée ſans preuve, pouvait expoſer M. de Voltaire, dans un temps infiniment plus ſévere que le nôtre, à des ressentimens plus implacables que ceux dont Rousseau avait éprouvé la violence : voilà ce qui les rendit irréconciliables. Mais chacun d'eux aurait dû respecter, dans son rival, le talent qui l'honorait lui-même. Jettons un voile sur ces mutuelles faiblesses. N'imitons pas ceux qui, pendant la vie de ces deux émules de gloire, ne cessaient d'attiser une haine qu'ils auraient dû sacrifier l'un & l'autre, & qu'il ne subsiste, après leur mort, que les témoignages de justice qu'ils se sont réciproquement rendus. La postérité, en plaçant M. de Voltaire fort au-dessus de Rousseau, conservera toujours à celui-ci le premier rang parmi les Poëtes lyriques. M. de Voltaire n'en doutait pas, lui dont les efforts, en ce genre, n'avaient pas été très-heureux : mais il en devait l'aveu, & il n'en eût été que plus grand.

Nous verrons, dans l'article consacré à la mémoire de l'autre Rousseau, qu'il eut, à-peu-près, envers M. de Voltaire, les mêmes torts que le précédent : mais ce que nous ne pouvons omettre ici, ce qui peint M. de Voltaire, & ce qui prouve combien le fond de son caractere, naturellement bon & sensible, prévalait en lui sur les sentimens d'une vengeance étrangere à son cœur, c'est l'anecdote suivante, que nous tenons d'une main sûre, & d'un témoin oculaire.

Lorsque les persécutions commencerent à s'élever contre le citoyen de Geneve, M. de Voltaire lui écrivit pour lui offrir un asyle. On connaît la réponse un peu cynique du philosophe: » Je ne vous aime point; je ne veux ni de » votre asyle, ni de votre estime; » réponse qui formait un singulier contraste avec les témoignages d'admiration, de respect même, qu'il avait, quelques années auparavant, prodigués à ce grand homme. Le premier mouvement de M. de Voltaire fut terrible; car c'était sa maniere de se fâcher: mais, quelques jours après, on crut voir, aux environs de Ferney, le citoyen de Geneve; on se pressa de l'annoncer à M. de Voltaire, qui, les larmes aux yeux, dit, avec cette effusion de cœur qui a été en lui le principe de tant d'actions généreuses: » Qu'on le fasse venir; il n'a plus » de torts, dès qu'il est chez moi. »

Tel était en effet le caractere de cet homme singulier. Un peu gâté par l'adulation qu'il aimait, aigri par l'envie qu'il avait excitée, il ne connaissait aucun frein, ni dans ses emportemens, ni dans les écrits échappés au premier mouvement de ses passions. Incapable, au fond, de se venger autrement que par sa plume, il semblait se complaire dans des projets de vengeance qui s'évanouissaient toujours avec sa colere. A le juger par cette fougue momentanée, on l'eût cru voisin des plus grands excès, & tout prêt à nuire : mais il ne le fit jamais. Il se répandait en sarcasmes, quelquefois même en invectives trop exagérées pour être véritablement offensantes: mais on ne connait aucun homme qu'il ait réellement persécuté, aucun dont il ait détruit ou cherché à détruire la fortune. Ennemi, d'autant moins dangereux qu'il l'était à découvert, & que son extrême vivacité était connue, il n'eut jamais à se reprocher d'avoir fait le malheur de personne. Il fit, au contraire, beaucoup d'ingrats.

Si Racine, qui, à proprement parler, n'avait tenté qu'un genre de gloire, quoique, par la souplesse de son génie, il eût pu prétendre à tous les succès ; si ce Poëte enchanteur, à qui l'on ne pouvait reprocher ni les emportemens de la satyre, ni ce naturel trop ardent qui paraît tendre à subjuguer les esprits plutôt qu'à les éclairer, eut cependant des ennemis implacables, on conçoit que M. de Voltaire, le rival, dans tous les genres, de tous les Écrivains de son temps, devait avoir soulevé contre lui d'autant plus de haine, qu'il n'eut pas, comme Racine, la faiblesse de se décourager. Cette vigueur de caractere, devenue pour ses ennemis un nouveau motif d'acharnement, semblerait annoncer un homme heureux : mais toujours harcelé, en sens contraire, ou par l'adulation, ou par l'envie, accablé de gloire, & croyant n'en avoir jamais assez, peut-être était-il plus véritablement à plaindre que ceux qu'il importunait de l'éclat de sa vie. Elle fut un tissu continuel d'agitations & d'orages; &, si nous l'osons dire, un volcan toujours enflammé, & se consumant lui-même.

Cicéron, qu'il avait eu tant de plaisir à peindre dans *Rome sauvée*, Cicéron, faible comme lui, & qui découvrait si naïvement le desir qu'il avait que Rome fût sans cesse occupée de sa gloire, nous paraît, par ce genre de faiblesse même, l'homme avec qui M. de Voltaire avait le plus de rapports. Delà cette multitude d'éditions de ses Œuvres qui se succédaient avec tant de rapidité l'une à l'autre, & dans lesquelles il n'en existe aucune encore qui soit entiérement digne de lui (*). Delà cette sensibilité

(*) Nous n'en connaissons point où les matieres ne soient dans le plus grand désordre, où l'on ne trouve, dans un volume, des vers désavoués avec mépris par M. de Voltaire dans un autre volume; des doubles emplois, des répétitions accablantes, des variantes d'un mauvais choix substituées à des leçons plus heureuses, qui doivent être rétablies par un homme de goût. Nous insistons sur ces défauts d'ordre & de convenance, qui demandent un travail dont nous nous chargerions volontiers nous-mêmes, & pour lequel nous avons déja rassemblé un grand nombre de matériaux. C'est un soin dont il nous serait permis, sans aucune vanité, de nous croire plus capables que beaucoup de gens, par l'étude que nous avons faite, non-seulement du caractere & du génie de l'Auteur, mais de la plupart des éditions qui ont paru jusqu'ici. Au reste, il est très-important pour la gloire de M. de Voltaire, qu'on ne tarde pas à s'en occuper. Il est plus digne qu'un autre d'un Commentaire fait avec goût; & d'ailleurs il y a dans ses ouvrages une foule d'allusions à des choses fugitives du temps,

pour la critique, dont les piqûres les plus légeres lui causaient de longs tourmens. Eh quoi! lui disions-nous un jour, en faisant allusion à quelques-uns de ces insectes littéraires, enorgueillis du pouvoir qu'ils avaient de troubler son repos, une fourmi devrait-elle vous donner de pareilles convulsions? *Ce n'est pas une fourmi*, nous répondit-il, *c'est une fourmilliere*.

Autant il était injuste envers lui-même, en paraissant ainsi se défier de sa réputation, autant il recevait avec complaisance l'encens le moins délicat & le moins flatteur. Sa reconnaissance allait jusqu'à donner de grands éloges à des hommes très-médiocres : chose nécessaire à remarquer; car s'il était possible que sa gloire, inaltérable d'ailleurs, fût compromise, ce serait par ces éloges.

---

qui demandent à être fixées par des notes, ou qui deviendraient, à la longue, d'une obscurité impénétrable. Il y a même des traits d'une plaisanterie fine & légere, qui pourraient échapper dans un âge un peu éloigné du nôtre. Nous faisons cette remarque en faveur de ceux qui peuvent prendre un intérêt véritable, soit à la personne, soit aux ouvrages de M. de Voltaire.

Venons au seul reproche essentiel qu'on puisse faire à sa mémoire, à celui où nous sommes forcés d'abandonner sa cause ; mais en conciliant le respect dû à la Religion, avec la juste horreur que nous inspire la superstition & le fanatisme. M. de Voltaire, élevé, malheureusement, dans cet esprit qui caractérise l'époque de la régence ; esprit que lui-même a peint avec tant de graces dans ces vers :

Voici le temps de l'aimable régence,
Temps fortuné, marqué par la licence,
Où la folle, agitant son grelot,
D'un pié léger parcourt toute la France,
Où nul mortel ne daigne être dévot,
Où l'on fait tout, excepté pénitence.

M. de Voltaire, né dans ces principes, ou plutôt dans cette anarchie de principes, ayant d'ailleurs fixé ses premiers regards sur les temps affreux de la Ligue, & sur cette journée d'horreur qu'il a rendue à jamais exécrable dans sa *Henriade* ; ayant depuis parcouru, dans l'histoire, cette longue suite d'attentats sacrés qui ont affligé la terre, au nom d'un Dieu de paix, les Croisades contre les Sarrasins, celles contre les habitans de la Prusse & du Languedoc, les massacres de Mérindol & de Cabriere, ceux de la Saint-Barthelemi, ceux de l'Irlande, ceux des Vallées de Savoie, ceux de l'Inquisition, & cette multitude d'assassinats juridiques, d'emprisonnemens, d'exils, que Boileau lui-même, le discret Boileau, avait caractérisés avec tant de force dans une de ses Satyres (*), qui n'est recomman-

(*) La Satyre sur l'*Équivoque*, où l'on trouve ces vers pleins d'énergie sur l'abus de l'Équivoque en matiere de Religion; abus, dit l'Auteur:

Dont l'Église elle-même eut peine à se sauver.
Elle-même, deux fois, presque toute Arienne,
Sentit, chez soi, trembler la vérité chrétienne,
Lorsque, chez ses sujets, l'un contre l'autre armés,
Et sur un Dieu fait homme, au combat animés,
Tu fis, dans une guerre, & si triste & si longue,
Périr tant de Chrétiens, martyrs d'une diphthongue.

. . . .

L'Europe fut un champ de massacre & d'horreur:
Et l'orthodoxe même, aveugle en sa fureur,
De tes dogmes trompeurs nourrissant son idée,
Oublia la douceur aux Chrétiens commandée,
Et crut, pour venger Dieu de ses fiers ennemis,
Tout ce que Dieu défend légitime & permis.
Au signal tout-à-coup donné pour le carnage,
Dans les villes, par-tout, théatres de leur rage,

dable que par cette ſeule peinture : M. de Voltaire ayant enfin, ſoit comme hiſtorien, ſoit comme poëte, promené ſon imagination ardente & ſenſible ſur cette foule de proſcriptions religieuſes, s'abandonna au ſentiment qui lui fit dire à Dieu, dans l'amertume de ſon cœur :

Je ne ſuis pas Chrétien, mais c'eſt pour t'aimer
mieux.

Il eut le malheur de ne pas diſtinguer aſſez la Religion de l'Évangile, cette Religion de paix, de douceur & de clémence, de la Religion pervertie & dénaturée par les hommes. Il perdit de vue ce trophée qu'il a lui-même élevé au Chriſtianiſme dans les dernieres paroles de Guſman (*), & tant de traits heureux répandus dans la *Henriade*, ou dans *Zaïre*, en faveur de cette même Reli-

Cent mille faux zélés, le fer en main, courans,
Allerent attaquer leurs amis, leurs parens,
Et, ſans diſtinction, dans tout ſein hérétique,
Pleins de joie, enfoncer un poignard catholique :
Car, quel lion, quel tigre égale en cruauté
Une injuſte fureur qu'arme la piété !

(*) Voyez la derniere ſcene du cinquieme acte d'*Alzire*.

gion. Il en devint l'un des plus redoutables adversaires par un excès de tolérance : ce qui prouve combien on doit se défier de l'ombre des vertus humaines. Mais enfin, sans vouloir pénétrer dans les vues profondes de la Providence, qui peut tirer du scandale même un bien qui échappe d'abord à nos faibles yeux, qui sait si, en suscitant au Christianisme un pareil adversaire, Dieu n'a pas voulu justifier, de la maniere la plus éclatante, que les efforts humains ne prévaudraient jamais contre son ouvrage? M. de Voltaire lui-même, en poursuivant sans cesse le monstre qu'il a si heureusement caractérisé dans ces vers:

> Le fanatisme est son horrible nom:
> Enfant dénaturé de la Religion,
> Armé pour la défendre, il cherche à la détruire,
> Et, reçu dans son sein, l'embrasse & le déchire,

n'a-t-il pas servi, sans le vouloir, cette Religion sainte, qui n'a pas de plus dangereux ennemis? Et, dans les impénétrables jugemens de Dieu, ces titres n'auraient-ils pas amené un moment de grace & de clémence? Qu'il nous est doux, du moins, de nous former ces idées consolantes, & de pouvoir tempérer ce que cet article a de févere, en reconnaiffant que fi M. de Voltaire eut, en effet, le malheur de s'égarer dans la Foi, il n'abjura jamais ce dogme effentiel & fondamental d'un Dieu rémunérateur & vengeur ; qu'il en fut, au contraire, un des défenfeurs les plus zélés, & qu'il rendit un hommage conftant aux vérités de premiere révélation renfermées dans la loi naturelle.

Si nous n'avons pas diffimulé les foibleffes de cet écrivain célebre, qu'il nous foit permis, du moins, de le venger de la calomnie. On lui a reproché la légéreté, l'avarice, la méchanceté ; & perfonne, peut-être, n'a porté plus loin les vertus oppofées.

Il a confervé pour ami, pendant plus de foixante ans, M le Comte d'Argental, homme digne de toute fon amitié, & avec qui fes premieres liaifons avaient commencé dès le College. Son attachement à M. le Maréchal de Richelieu n'a pas été moins conftant, & remonte, à-peu-près, à une époque auffi ancienne. Il a confervé de même prefque tous fes autres amis ; & s'il eut le malheur d'en perdre quelques-uns, on peut affurer que les premiers torts ne furent jamais de fon côté.

Ses actes de bienfaisance sont innombrables. On sait ce qu'il a fait pour les Calas, les Sirven, les Montbailly, &c. &c., & ce qu'il a tenté pour les malheureux flétris par un jugement d'Abbeville ; ses efforts pour justifier la mémoire de M. de Lally, & tous les infortunés qu'il a secourus de son éloquence, de son crédit, ou de sa fortune. Il a exercé des actes d'humanité moins brillans ; mais qui, peut-être, ne caractérisent que mieux l'esprit de bienfaisance dont il était animé. De malheureux paysans de sa terre, ruinés par un procès qu'ils avaient perdu, se présenterent à lui, fondant en larmes, & implorant ses bontés. Il voulut voir leurs papiers, les remit à un avocat célebre pour les examiner, & dit à ces infortunés de revenir. L'arrêt qui les avait condamnés était irréprochable par le fond & par la forme. Cette fatale lumiere, en leur ôtant toute espérance, sembla les accabler d'un nouveau malheur. L'objet de leur perte se montait à mille écus, somme exorbitante pour de pauvres cultivateurs, chargés d'une famille nombreuse. M. de Voltaire ne put tenir à ce spectacle de douleur ; il passa dans son cabinet, leur apporta

apporta cette somme, en les remerciant de l'occasion qu'ils lui avaient procurée de leur donner ce secours, qui ne fut pas le dernier qu'il répandit sur eux. Ce trait est consacré par un médaillon que nous avons vu chez M. le Comte d'Argental.

Souvent il allait au-devant des malheureux; il les prévenait par ses bontés, en leur épargnant l'embarras de la demande. S'ils étaient dans le cas de ne point recevoir à titre de don, il leur prêtait sans vouloir aucun intérêt, & même en les dispensant de la reconnaissance.

Ce n'était pas des sommes légeres qu'il hasardait ainsi. Un Gentilhomme des environs de Geneve, décoré dans le service, nous a dit à nous-mêmes que M. de Voltaire lui avait prêté, de la maniere la plus noble, une somme de trente mille livres, dans un temps où il paraissait peu vraisemblable que cet officier fût jamais à portée de s'acquitter. A l'égard des personnes à qui leur situation ne permettait pas de rendre, il les secourait par des libéralités entieres & absolues. Plusieurs de ces bienfaits ont passé par les mains de M. d'Argental. Il est quelques Gens de Lettres qui en ont reçu de considérables. On n'attendait pas d'eux qu'ils les publiassent, on souhaitait seulement qu'ils parussent ne les pas oublier.

Il ne tira d'autre vengeance d'un homme qui avait passé une partie de sa vie à le calomnier, qui était tombé dans l'indigence, & qui lui offrait de rétracter ses calomnies par un acte public, que de refuser la rétractation, & d'envoyer à ce malheureux un présent de cinquante louis.

Les richesses qui le mettaient à portée de se procurer des jouissances si douces, il les avait acquises par les voies les plus légitimes, par le commerce de Cadix, & par un intérêt considérable que M. du Verney lui avait donné dans les vivres, & dont il avoit fait les fonds.

On a cru long-temps que ses ouvrages lui avaient rapporté des produits immenses : mais les registres des Comédiens feront foi qu'à l'exception de ses premieres Tragédies, dont il avait tiré quelques émolumens, il n'a jamais reçu la part d'auteur qu'il était en droit d'exiger. Plusieurs Libraires, Messieurs Cramer de Geneve, entr'autres, se sont fait un devoir de publier qu'ils lui avaient l'entiere obligation de leur fortune, sans qu'il ait accepté d'eux la plus légere rétribution.

On sait avec quel généreux empressement il saisit l'occasion de servir de pere à la petite niece du grand Corneille, qui lui dut, à la fois, son éducation & son établissement. Un Homme de Lettres, digne de concourir à cette belle action par l'élévation de son ame, & de la proposer à M. de Voltaire avec la noble confiance du génie, M. le Brun, Secrétaire des Commandemens de feu Mgr. le Prince de Conti, eut, comme nous l'avons dit ailleurs, le courage de sommer M. de Voltaire, au nom de sa gloire, de devenir le bienfaiteur de Mademoiselle Corneille : il était bien sûr que sa confiance ne serait point trompée (*).

Mais rien ne caractérise mieux ce sentiment de bonté, toujours actif dans M. de Voltaire, que les tendres soins qu'il prit, sur la fin de sa vie, de la jeunesse de Mademoiselle de Va-

(*) Il fit cette *sommation*, par une belle Ode qui se trouve dans les *Mémoires & Anecdotes pour servir à l'histoire de Voltaire*, 1 vol. in-8°.

ricourt, aujourd'hui Madame la Marquiſe de Villette, qui n'avait auprès de lui d'autre recommandation que ſa naiſſance, ſon ingénuité & ſes graces.

M. de Voltaire fut payé de ſes ſoins par une reconnaiſſance vraiment filiale. Nous en avons vu les marques les plus touchantes trois mois après la mort de ce grand homme, que Madame la Marquiſe de Villette ſemblait encore appeller par ſes regrets, & dont elle ne pouvait prononcer le nom ſans verſer des larmes, & ſans exciter les nôtres. Avec quelle douce émotion, elle ſe rappellait ſes ſoins tendres & paternels; les jeux de ſon enfance autour de ce vieillard, devenu auguſte pour elle, par cette bonhommie de l'ame & du vrai génie, avec laquelle il daignait ſe prêter lui-même à ſes jeux!

M. de Voltaire ayant chez lui, à Ferney, M. le Marquis de Villette, dont il avait toujours aimé & encouragé l'eſprit, s'apperçut avec complaiſance de ſes aſſiduités auprès de ſa jeune pupille; & un jour, en préſence de M. le Marquis de Ville-vieille, il lui propoſa cinquante mille écus pour la dot de Mademoiſelle de Varicourt. » Je suis sûr, lui disait-il, que Madame Denis, ma niece, sera de mon avis ; » car elle regarde *Belle & Bonne* (*) comme sa » fille. Quant à mes autres parens, j'ai une bonne » succession à leur laisser, & vous conviendrez » qu'ils n'ont pas long-temps à attendre ». M. le Marquis de Villette ne voulut jamais consentir à cette générosité. Il n'est donc pas vrai, comme on l'avait dit dans le Journal de Paris, que M. de Voltaire ait doté Mademoiselle de Varicourt : mais, après avoir présidé à son mariage, il voulut l'accompagner à Paris ; il voulut revoir cette Ville, dont il avait fait si long-temps les délices, & vers laquelle il se sentait rappellé par cet amour de la patrie, qui ne s'éteint jamais dans une ame sensible.

Nous avons nous-mêmes consacré ailleurs la maniere dont il y fut accueilli, les sentimens de vénération & de tendresse qu'il lisait dans tous les yeux, l'hommage public enfin qui lui fut

(*) C'est le nom d'amitié que M. de Voltaire avait donné à Mademoiselle de Varicourt ; nom qui est devenu familier à tous ceux qui ont l'avantage de la connaître.

rendu par tous les ordres de la nation. Tout ce qui avait avec lui des droits communs à la gloire, Français, étrangers, se firent un devoir de se faire présenter chez lui. Le célebre Franklin, ce vengeur de l'Amérique, voulut, non-seulement le voir, mais ménager à son petit-fils, encore enfant, le plaisir de se rappeller un jour qu'il avait vu la merveille de l'Europe, & de pouvoir dire, comme Ovide : *Virgilium vidi.*

Cependant, au milieu de cette gloire, hélas ! trop courte, & suivie bientôt des plus cruels regrets, Madame la Marquise de Villette était toujours présente à son cœur. Pendant sa derniere maladie, occasionnée, comme on le sait, non par la nature, qui semblait respecter encore un de ses plus rares ouvrages, mais par une dose forcée d'opium, qu'il avait eu le malheur de prendre indiscrettement, il ne cessait de demander à Madame la Marquise de Villette, un Notaire, dans l'intention, sans doute, de lui laisser des marques de son souvenir, aussi-bien qu'à plusieurs de ses amis : mais trop attendrie pour s'occuper d'elle-même, trop noble pour penser à de nouveaux bienfaits après ceux qu'elle avait reçus, elle ne manqua envers lui que de cette complaisance. Cependant, la mort, qui éteignait par degrés M. de Voltaire, n'avait pu éteindre encore sa sensibilité. Il voulut écrire, & les derniers mots que traça sa main mourante, furent une lettre à son ami M. d'Alembert, dans laquelle il lui disait, que n'ayant plus que quelques momens à vivre, il lui recommandait Madame la Marquise de Villette. Il n'eut pas la force d'en écrire davantage; il perdit la connaissance & le sentiment, & il expira le 30 Mai 1778.

A cette nouvelle, le plus morne silence succéda tout-à-coup à ces acclamations triomphales que la nation lui avait prodiguées tant de fois dans les derniers momens de sa vie; & ce silence exprimait, de la maniere la plus énergique, ce sentiment de consternation profonde qui accompagne toujours les pertes irréparables.

Depuis quelques jours, l'idée de sa mort prochaine l'occupait sans cesse. Jamais il ne fut atteint de plus de mélancolie, qu'en revenant de chez Madame la Marquise de G***, dont il avait été l'ami dans sa premiere jeunesse, lorsqu'elle était Mademoiselle de L**. „ Je viens, „ dit-il, d'un bord du Styx à l'autre ; je ne „ me suis jamais trouvé si vieux qu'aujourd'hui. „ C'était pour Mademoiselle de L** qu'il avait fait l'Épître si connue *des Tu & des Vous.*

Peu de temps avant sa maladie, il vint voir à table M. le Marquis de Villette, & après quelques momens du recueillement le plus sombre, il lui dit : „ Vous êtes comme ces Rois d'Égypte, „ qui, en mangeant, avaient une tête de mort „ devant eux. „

Il disait, sur son arrivée à Paris : „ Je suis „ venu chercher la gloire & la mort. „

Il répondit à un Artiste, qui lui présentait le tableau de son triomphe : „ C'est mon tom- „ beau qu'il me faut, & non pas mon triomphe. „

On demande quelquefois si M. de Voltaire perdra dans la génération à venir quelque chose de sa renommée. Nous osons croire qu'elle ne fera que s'accroître, lorsque nous considérons l'influence qu'il a eue sur son siecle, dont on ne trouvera, nulle part, une peinture plus fidelle que dans ses ouvrages. Si l'on pense que pendant les trois générations où il a vécu, il ne s'est passé aucun événement intéressant, soit particulier, soit public, qu'il n'ait célébré comme poëte, ou comme historien, & auquel il n'ait attaché, pour ainsi dire, le sceau de sa gloire; on pourra se faire une idée de la curiosité, plus avide encore que la nôtre, avec laquelle il sera consulté par nos descendans.

Cet éloge de l'homme le plus universel qui ait existé dans les Lettres, à qui l'on pourra disputer plus ou moins de gloire, mais à qui l'on ne contestera jamais la qualité d'homme unique, aura l'avantage de précéder celui que l'Europe attend avec impatience du Roi de Prusse (*), & qui deviendra encore une des plus brillantes singularités de la destinée de M. de Voltaire. Puisse ce grand Prince, tant de fois célébré, & si digne de l'être par ce grand Poëte, trouver dans le faible hommage que nous venons de lui rendre, ce caractere de franchise, d'impartialité & de courage que devait nous inspirer le tendre attachement que nous avons eu pour lui pendant sa vie, & que nous conservons à sa mémoire.

(*) Cet Éloge est imprimé.

NOTES

ET PIECES JUSTIFICATIVES

DE L'ÉLOGE.

(1) M. DE VOLTAIRE, très-jeune encore, avait été honoré d'un accueil plein de graces & de bonté par le Duc LÉOPOLD, aïeul de la Reine, le même dont il a fait un si bel éloge dans son *Siecle de Louis XIV*. Il avait présenté à ce Prince & à Madame la Duchesse de Lorraine sa Tragédie d'*Œdipe*, avec ces vers (*), que nous ne nous rappellons pas d'avoir vus dans aucun Recueil.

O vous de vos sujets l'exemple & les délices,
Vous qui régnez sur eux, en les comblant de biens,
De mes faibles talens acceptez les prémices :
C'est aux Dieux qu'on les doit, & vous êtes les miens.

Depuis, il avait été accueilli d'une maniere plus distinguée encore par la Reine d'Angléterre,

(*) L'Auteur les tient de son pere, qui avait eu l'honneur d'être du Conseil du Duc Léopold.

à qui il dédia la belle édition de la *Henriade*, faite à Londres en 1726.

Enfin, il a eu l'honneur d'être en correspondance avec le feu Roi STANISLAS, Duc de Lorraine, avec le Pape BENOÎT XIV, avec l'Impératrice de Russie, les Rois de Pologne, de Suede, de Danemarck, & principalement avec le Roi de Prusse, & Madame la Margrave de Bareith, sa sœur. Non-seulement, il en reçut les plus grandes marques de bonté, mais il fut admis à leur familiarité la plus intime, comme on peut en juger par ces lettres, non moins honorables pour les Souverains qui les ont écrites, que pour M. de Voltaire lui-même, & qui deviennent pour la littérature entiere un des plus précieux monumens de notre siecle. C'est à ces titres que nous nous permettons de les déposer ici.

Lettre du Roi de Prusse à M. de Voltaire.

» J'ai vu la lettre que votre niece vous écrit
» de Paris. L'amitié qu'elle a pour vous lui attire
» mon estime. Si j'étais Madame Denis, je pen-
» serais de même; mais étant ce que je suis, je
» pense autrement. Je serais au désespoir d'être
» cause du malheur de mon ennemi; & comment
» pourrais-je vouloir l'infortune d'un homme
» que j'estime, que j'aime, & qui me sacrifie sa
» patrie & tout ce que l'humanité a de plus cher?
» Non, mon cher Voltaire; si je pouvais prévoir
» que votre transplantation pût tourner le moins
» du monde à votre désavantage, je serais le pre-
» mier à vous en dissuader. Oui, je préférerais

» crent, que pour Voltaire même. On dira que » dans ce dix-huitieme siecle, où tant de Gens » de Lettres se déchirent par envie, il s'en est » trouvé d'assez nobles, d'assez généreux pour » rendre justice à un homme doué de génie & » de talens supérieurs à tous les siecles; que nous » avons mérité de posséder Voltaire, & la posté- » rité la plus reculée nous enviera encore cet » avantage. Distinguer les hommes célebres, » rendre justice au mérite, c'est encourager les » talens & la vertu. C'est la seule récompense » des belles ames; elle est bien due à tous ceux » qui cultivent supérieurement les Lettres. Elles » procurent les plaisirs de l'esprit, plus durables » que ceux du corps; elles adoucissent les mœurs » les plus féroces; elles répandent leurs char- » mes sur tout le cours de la vie; elles rendent » notre existence supportable, & la mort moins » affreuse. Continuez donc, Messieurs, de pro- » téger & de célébrer ceux qui s'y appliquent, » & qui ont le bonheur en France d'y réussir. » Ce sera ce que vous pourrez faire de plus » glorieux pour votre nation. FRÉDERIC. »

Lettre de son Altesse Royale Madame la Princesse de Bareith, à M. de Voltaire.

» VOTRE lettre m'a sensiblement touchée; » celle que vous m'avez adressée pour le Roi, a » fait le même effet sur lui. J'espere que vous se- » rez satisfait de sa réponse, pour ce qui vous » concerne. Mais vous le serez aussi peu que moi » de ses résolutions. Je m'étais flattée que vos

» réflexions feraient quelque impreſſion ſur ſon » eſprit. Vous verrez le contraire dans le billet » ci-joint. Il ne me reſte qu'à ſuivre ſa deſtinée, » ſi elle eſt malheureuſe. Je ne me ſuis jamais » piquée d'être philoſophe. J'ai fait mes efforts » pour le devenir. Le peu de progrès que j'ai fait » m'a appris à mépriſer les grandeurs & les ri- » cheſſes; mais je n'ai rien trouvé dans la philo- » ſophie, qui puiſſe guérir les plaies du cœur, » que le moyen de s'affranchir de ces maux, en » ceſſant de vivre. L'état où je ſuis eſt pire que » la mort. Je vois le plus grand homme du ſiecle, » mon frere, mon ami, réduit à la plus affreuſe » extrémité. Je vois ma famille entiere expo- » ſée aux dangers & aux périls; ma patrie dé- » chirée par d'impitoyables ennemis; le pays » où je ſuis, peut-être menacé de pareils mal- » heurs. Plût au ciel que je fuſſe chargée toute » ſeule des maux que je viens de vous décrire! » Je les ſouffrirais, & avec fermeté.

» Pardonnez-moi ce détail. Vous m'engagez, » par la part que vous prenez à ce qui me regarde, » de vous ouvrir mon cœur. Hélas! l'eſpoir en » eſt preſque banni. La fortune, lorſqu'elle » change, eſt auſſi conſtante dans ſes perſécu- » tions que dans ſes faveurs. L'hiſtoire eſt pleine » de ces exemples; mais je n'y en ai point trouvé » de pareils à celui que nous voyons, ni une » guerre auſſi inhumaine & cruelle parmi des » peuples policés. Vous gémiriez, ſi vous ſaviez » la triſte ſituation de l'Allemagne & de la Pruſſe. » Les cruautés que les Ruſſes commettent dans » cette derniere, font frémir la nature. Que vous-

„ êtes heureux dans votre hermitage, où vous „ vous reposez sur vos lauriers, & où vous pou- „ vez philosopher de sang-froid sur l'égarement „ des hommes! Je vous y souhaite tout le „ bonheur imaginable. Si la fortune nous favo- „ rise encore, comptez sur toute ma reconnais- „ sance. Je n'oublierai jamais les marques d'at- „ tachement que vous m'avez données ; ma sensi- „ bilité vous en est un garant. Je ne suis jamais „ amie à demi, & je le serai toujours véritable- „ ment de Frere Voltaire.

WILHELMINE.

„ Bien des complimens à Madame Denis ; con- „ tinuez, je vous prie, d'écrire au Roi. „

Quel est l'Homme de Lettres, vraiment digne de ce nom, qui, en lisant ce que nous venons de transcrire, ne s'enorgueillira pas d'être né dans un siecle où l'on a vu de pareils Souverains! Qu'il nous soit permis de répéter ici ce que nous avons dit ailleurs, à l'occasion de cette même lettre. Combien ce style ne doit-il pas confondre le sot orgueil de ces petits importans, de ces personnages de la veille, qui, dans l'ivresse d'un moment de faveur, osent se méconnaître assez pour écrire avec morgue à des gens qui ont au moins sur eux la prééminence du génie, & qui même, sous d'autres rapports, voudraient à peine les reconnaître pour leurs égaux! Il n'est guere d'homme du premier mérite qui n'ait été exposé quelquefois à recevoir de ces lettres d'une familiarité arrogante, & qui n'en ait souri d'indignation ou de pitié. Mais il faut convenir que cette bassesse, déguisée sous le nom de morgue, est inconnue aux véritables Grands. Ce n'est ordinairement que par l'excès de leur politesse, qu'ils semblent avertir des égards qui leur sont dûs; & ce genre d'orgueil est bien supérieur à la petite vanité bourgeoise.

(2) Si quelque chose, dans l'antiquité, peut être comparable aux lettres qu'on vient de lire, c'est, sans doute celle que Philippe de Macédoine écrivit à Aristote, en lui apprenant la naissance d'Alexandre.

„ Je vous apprends que j'ai un fils. Je rends „ graces aux Dieux, non pas tant de me l'a„ voir donné, que de me l'avoir donné du temps „ d'Aristote. J'ai lieu de me promettre que vous „ en ferez un successeur digne de nous, & un „ Roi digne de la Macédoine. „

(3) Nous n'avons entendu qu'une fois cette Tragédie d'*Irene*, donnée par l'Auteur à l'âge de quatre-vingt-quatre ans. Cette Piece nous a paru très-supérieure à quelques-unes des dernieres Tragédies de M. de Voltaire. Nous y avons trouvé des momens d'intérêt, & des vers dignes de son meilleur temps : mais ce que nous avons remarqué, avec le plus d'étonnement, c'est le caractere plein de feu d'Alexis Comnene, & le contraste heureux que fait avec ce caractere bouillant le personnage de Léonce, Pere d'Irene, personnage d'un stoïcisme inflexible & tranquille, contre lequel l'impétuosité d'Alexis vient toujours se briser.

(4) Que ceux qui ont accusé M. de Voltaire de jalousie, jettent les yeux sur cette magnifique analyse qu'il a donnée de la Tragédie d'*Iphigénie.*

„ Quelle Piece, dit-il, pourrions-nous pro„ poser à l'Europe, qui réunit tous ces avanta„ ges?... Ne serait-ce point l'*Iphigénie en* „ *Aulide?* Dès le premier vers, je me sens „ intéressé & attendri; ma curiosité est excitée „ par les seuls vers que prononce un simple of„ ficier d'Agamemnon; vers harmonieux, vers „ charmans, vers tels qu'aucun Poëte n'en fai„ sait alors.

A peine un faible jour vous éclaire & vous guide;
Vos yeux seuls, & les miens sont ouverts en
Aulide.
Auriez-vous, dans les airs, entendu quelque bruit!
Les vents vous auraient-ils exaucé cette nuit!
Mais tout dort, & l'armée, & les vents, &
Neptune.

„ Agamemnon, plongé dans la douleur, ne „ répond point à Arcas, ne l'entend point; il se „ dit à lui-même en soupirant:

Heureux qui, satisfait de son humble fortune,
Libre du joug superbe où je suis attaché,
Vit dans l'état obscur où les Dieux l'ont caché.

„ Quels sentimens! Quels vers heureux! Quelle „ voix de la nature!.....

„ Est-il un homme de bon sens & d'un cœur „ sensible, qui n'écoute le récit d'Agamemnon

„ avec un transport mêlé de pitié & de crainte, „ & qui ne sente les vers de Racine pénétrer „ jusqu'au fond de son ame? L'intérêt, l'inquié- „ tude, l'embarras augmentent dès la troisieme „ scene, quand Agamemnon se trouve entre „ Achille & Ulysse.

„ La crainte, cette ame de la Tragédie, re- „ double encore à la scene qui suit. C'est Ulysse „ qui veut persuader Agamemnon, & immoler „ Iphigénie à l'intérêt de la Grece. Ce person- „ nage d'Ulysse est odieux; mais, par un art ad- „ mirable, Racine sait le rendre intéressant.

Je suis pere, Seigneur, & faible comme un autre,
Mon cœur se met, sans peine, à la place du vôtre;
Et frémissant du coup qui vous fait soupirer,
Loin de blâmer vos pleurs, je suis prêt de pleurer.

„ Dès ce prémier acte, Iphigénie est condamnée „ à mort; Iphigénie, qui se flatte avec tant de „ raison d'épouser Achille: elle va être sacrifiée „ sur le même Autel où elle doit donner la „ main à son Amant.

Nubendi tempore in ipso:
Tantùm Relligiò potuit suadêre malorum!

SECOND ACTE D'IPHIGÉNIE.

„ C'est avec une adresse bien digne de lui, „ que Racine, au second acte, fait paraître Éri- „ phile, avant qu'on ait vu Iphigénie. Si l'a- „ mante aimée d'Achille s'était montrée la pre- „ miere, on ne pourrait souffrir Ériphile su

„ rivale. Ce personnage est absolument nécessaire „ à la Piece, puisqu'il en fait le dénoûment ; „ il en fait même le nœud : c'est elle, qui, „ sans le savoir, inspire des soupçons cruels à „ Clitemnestre, & une juste jalousie à Iphigé- „ nie ; & par un art encore plus admirable, „ l'auteur fait intéresser pour cette Ériphile „ elle-même. Elle a toujours été malheureuse ; „ elle ignore ses parens ; elle a été prise dans „ sa patrie mise en cendre : un oracle funeste „ la trouble ; & pour comble de maux, elle a „ une passion involontaire pour ce même Achille „ dont elle est captive :

Dans les cruelles mains, par qui je fus ravie,
Je demeurai long-temps sans lumiere & sans vie.
Enfin mes faibles yeux chercherent la clarté ;
Et me voyant presser d'un bras ensanglanté,
Je frémissais, Doris, & d'un vainqueur sauvage
Craignais de rencontrer l'effroyable visage ;
J'entrai dans son vaisseau, détestant sa fureur,
Et toujours détournant ma vue avec horreur.
Je le vis : son aspect n'avait rien de farouche ;
Je sentis le reproche expirer dans ma bouche ;
Je sentis contre moi mon cœur se déclarer :
J'oubliai ma colere, & ne sus que pleurer.

„ Il le faut avouer ; on ne faisait point de „ tels vers avant Racine. Non-seulement, per- „ sonne ne savait la route du cœur, mais pres- „ que personne ne savait la finesse de la versi- „ fication, cet art de rompre la mesure : *Je le* „ *vis ; son aspect n'avait rien de farouche :*

„ personne ne connaissait cet heureux mélange „ de syllabes longues & breves, & de conson- „ nes, suivies de voyelles, qui font couler un „ vers avec tant de mollesse, & qui le font „ entrer dans une oreille sensible & juste avec „ tant de plaisir.

„ Quel tendre & prodigieux effet cause ensuite „ l'arrivée d'Iphigénie ! Elle vole après son pere, „ aux yeux d'Ériphile même, de son pere, qui a „ pris enfin la résolution de la sacrifier ; chaque „ mot de cette scene tourne le poignard dans „ le cœur.... Tout est noble, mais d'une simpli- „ cité attendrissante, & la scene finit par ces „ mots terribles : *Vous y serez, ma fille* ; sen- „ tence de mort, après laquelle il ne faut plus „ rien dire.

„ On prétend que ce mot déchirant est dans „ Euripide ; on le répete sans cesse. Non, il n'y „ est pas. Il faut se défaire enfin, dans un siecle „ tel que le nôtre, de cette maligne opiniâtreté à „ faire valoir toujours l'ancien Théatre des Grecs „ aux dépens du Théatre Français. Voici ce qui „ est dans Euripide.

IPHIGÉNIE.

Mon pere, me ferez-vous habiter dans un autre séjour (ce qui veut dire, me marierez-vous ailleurs) ?

AGAMEMNON.

Laissez cela ; il ne convient pas à une fille de savoir ces choses.

IPHIGÉNIE.

Mon pere, revenez au plutôt, après avoir achevé votre entreprise.

AGAMEMNON.

Il faut auparavant que je fasse un sacrifice.

IPHIGÉNIE.

Mais, c'est un soin dont les Prêtres doivent se charger.

AGAMEMNON.

Vous le saurez, puisque vous serez tout auprès, au lavoir.

IPHIGÉNIE.

Ferons-nous, mon pere, un chœur autour de l'autel ?

AGAMEMNON.

Je te crois plus heureuse que moi : mais à présent cela ne t'importe pas ; donne-moi un baiser triste, & ta main, puisque tu dois être si long-temps absente de ton pere. O quelle gorge ! quelles joues ! quels blonds cheveux ! Que de douleur la Ville des Phrygiens & Hélene me causent ! Je ne veux plus parler, car je pleure trop en t'embrassant. Et vous, fille de Léda, excusez-moi, si l'amour paternel m'attendrit trop, quand je dois donner ma fille à Achille.

„ Ensuite Agamemnon instruit Clitemnestre de „ la généalogie d'Achille, & Clitemnestre lui „ demande si les noces de Pelée & de Thétis se „ firent au fond de la mer.

„ Brumoy a déguisé, autant qu'il l'a pu, ce „ Dialogue, comme il a falsifié presque toutes les „ Pieces qu'il a traduites. Mais rendons justice à „ la vérité, & jugeons si ce morceau d'Euripide „ approche de celui de Racine.

Verra-t-on à l'autel votre heureuse famille ?

AGAMEMNON.

Hélas!

IPHIGÉNIE.

Vous vous taisez!

AGAMEMNON.

Vous y serez, ma fille.

„ Comment peut-il se faire qu'après cet arrêt „ de mort qu'Iphigénie ne comprend point, mais „ que le spectateur entend avec tant d'émotion, „ il y ait encore des scenes touchantes dans le „ même acte, & même des coups de Théatre „ frappans? C'est-là, selon moi, le comble de „ la perfection. „

ACTE TROISIEME.

„ Après des incidens naturels bien préparés, & „ qui tous concourent à redoubler le nœud de la „ Piece, Clitemnestre, Iphigénie, Achille, at- „ tendent dans la joie le moment du mariage. „ Ériphile est présente, & le contraste de sa dou- „ leur avec l'allégresse de la mere & des deux „ amans, ajoute à la beauté de la situation. Ar- „ cas paraît de la part d'Agamemnon; il vient „ dire que tout est prêt pour célébrer ce mariage „ fortuné. Mais, mais, quel coup! quel moment „ épouvantable!

Il l'attend à l'autel... pour la sacrifier...

„ Achille, Clitemnestre, Iphigénie, Ériphile, „ expriment alors en un seul vers tous leurs senti- „ mens différens, & Clitemnestre tombe aux ge- „ noux d'Achille.

Oubliez une gloire importune ;
Ce triste abaissement convient à ma fortune.

. . . .

C'est vous que nous cherchions sur ce funeste bord ;
Et votre nom, Seigneur, la conduit à la mort.
Ira-t-elle des Dieux, implorant la justice,
Embrasser les autels parés pour son supplice !
Elle n'a que vous seul ; vous êtes en ces lieux
Son pere, son époux, son asyle, ses Dieux.

„ O véritable Tragédie ! Beauté de tous les „ temps & de toutes les nations ! Malheur aux „ barbares qui ne sentiraient pas jusqu'au fond du „ cœur ce prodigieux mérite !

„ Je sais que l'idée de cette situation est dans „ Euripide ; mais elle y est comme le marbre est „ dans la carriere, & c'est Racine qui a construit „ le Palais.

„ Une chose assez extraordinaire, mais bien „ digne des Commentateurs, toujours un peu en- „ nemis de leur patrie, c'est que le Jésuite Bru- „ moy, dans son Discours sur le Théatre des „ Grecs, fait cette critique : *Supposons qu'Euri- „ pide vint de l'autre monde, & qu'il assistât „ à la représentation de l'*Iphigénie *de Ra- „ cine, ne serait-il point révolté de voir Cli- „ temnestre aux pieds d'Achille, qui la re- „ leve, & de mille autres choses, soit par „ rapport à nos usages, qui nous paraissent „ plus polis que ceux de l'antiquité, soit par „ rapport aux bienséances, &c. ?*

„ Remarquez, lecteurs, avec attention, que

Clitem-

» Clitemnestre se jette aux genoux d'Achille dans
» Euripide, & que même il n'est point dit qu'A-
» chille la releve.

» A l'égard de *mille autres choses, par rap-*
» *port à nos usages*, Euripide se serait conformé
» aux usages de la France, & Racine à ceux
» de la Grece..... »

ACTE QUATRIEME.

» Comme dans cette Tragédie, l'intérêt s'é-
» chauffe toujours de scene en scene, que tout
» y marche de perfections en perfections, la
» grande scene entre Agamemnon, Clitemnestre
» & Iphigénie, est encore supérieure à tout ce
» que nous avons vu. Rien ne fait jamais au
» Théatre un plus grand effet que des person-
» nages qui renferment d'abord leur douleur dans
» le fond de leur ame, & qui laissent ensuite
» éclater tous les sentimens qui les déchirent.
» On est partagé entre la pitié & l'horreur :
» c'est d'un côté Agamemnon accablé lui-même
» de tristesse, qui vient demander sa fille, pour
» la mener à l'autel, sous prétexte de la re-
» mettre au héros à qui elle est promise; c'est
» Clitemnestre qui lui répond d'une voix en-
» trecoupée :

S'il faut partir, ma fille est toute prête :
Mais vous, n'avez-vous rien, Seigneur, qui vous arrête?

AGAMEMNON.

Moi, Madame !

CLITEMNESTRE.

Vos soins ont-ils tout préparé ?

E

AGAMEMNON.

Calchas est prêt, Madame, & l'autel est paré ;
J'ai fait ce que m'ordonne un devoir légitime.

CLITEMNESTRE.

Vous ne me parlez point, Seigneur, de la victime ?

» Ces mots, *Vous ne me parlez point de la* » *victime*, ne sont pas assurément dans Euripide. » On sait de quel sublime est le reste de la scene, » non pas de ce sublime de déclamation, non pas » de ce sublime de pensées recherchées, ou d'ex» pressions gigantesques, mais de ce qu'une mere » au désespoir peut avoir de plus pénétrant & » de plus terrible, de ce qu'une jeune Princesse, » qui sent tout son malheur, a de plus touchant » & de plus noble : après quoi, Achille déploie » la fierté, l'indignation, les menaces d'un hé» ros irrité, sans qu'Agamemnon perde rien de sa » dignité ; & c'était-là le plus difficile.

» Jamais Achille n'a été plus Achille que dans » cette Tragédie. . . . . Il aime Iphigénie, & il » le doit ; il la regarde comme sa femme : mais il » est beaucoup plus fier, plus violent qu'il n'est » tendre ; il aime comme Achille doit aimer, & » il parle comme Homere l'aurait fait parler, s'il » avait été Français. »

ACTE CINQUIEME.

» M. Luneau de Boisgermain, qui a fait une » édition de Racine, avec des Commentaires, » voudrait que la catastrophe d'Iphigénie fût en » action sur le Théatre ». — » Nous n'avons, dit» il, qu'un regret à former ; c'est que Racine

» n'ait point composé sa Piece dans un temps où » le Théatre fût, comme aujourd'hui, dégagé de » la foule des spectateurs, qui inondaient autre- » fois le lieu de la scene; ce Poëte n'aurait pas » manqué de mettre en action la catastrophe qu'il » n'a mise qu'en récit. On eut vu d'un côté un » pere consterné, une mere éperdue, vingt Rois » en suspens, l'autel, le bûcher, le Prêtre, le » couteau, la victime: eh! quelle victime! de » l'autre, Achille menaçant, l'armée *en émeute*, » le sang de toutes parts prêt à couler. Ériphile » alors serait survenue; Calchas l'aurait désignée » pour l'unique objet de la colere céleste; & cette » Princesse s'emparant du couteau sacré, aurait » expiré bientôt sous les coups *qu'elle se serait* » *portés*. —

» Cette idée paraît plausible au premier coup- » d'œil. C'est en effet le sujet d'un très-beau ta- » bleau, parce que dans un tableau, on ne peint » qu'un instant: mais il serait bien difficile que » sur le Théatre, cette action, qui doit durer » quelques momens, ne devint froide & ridicule. » Il m'a toujours paru évident que le violent » Achille, l'épée nue & ne se battant point, » vingt héros dans la même attitude, comme » des personnages de tapisserie, Agamemnon, » Roi des Rois, n'imposant à personne, immo- » bile dans le tumulte, formeraient un spectacle » assez semblable au cercle de la Reine en cire » colorée par Benoît.

Il est des objets que l'art judicieux
Doit offrir à l'oreille, & reculer des yeux.

» Il y a bien plus ; la mort d'Ériphile glacerait
» les spectateurs, au lieu de les émouvoir. S'il est
» permis de répandre du sang sur le Théatre (ce que
» j'ai quelque peine à croire), il ne faut tuer que
» les personnages auxquels on s'intéresse. C'est
» alors que le cœur du spectateur est véritablement
» ému ; il vole au-devant du coup qu'on va por-
» ter ; il saigne de la blessure. On se plaît avec
» douleur à voir tomber Zaïre sous le poignard
» d'Orosmane, dont elle est idolâtrée. Tuez, si
» vous voulez, ce que vous aimez, mais ne tuez
» jamais une personne indifférente ; le public sera
» très-indifférent à cette mort. On n'aime point
» du tout Ériphile ; Racine l'a rendue supporta-
» ble jusqu'au quatrieme acte : mais dès qu'Iphi-
» génie est en péril de mort, Ériphile est oubliée,
» & bientôt haïe ; elle ne ferait pas plus d'effet
» que la biche de Diane.

» On m'a mandé depuis peu, qu'on avait es-
» sayé à Paris le spectacle que M. Luneau de
» Boisgermain avait proposé, & qu'il n'a point
» réussi. Il faut savoir qu'un récit, écrit par Ra-
» cine, est bien supérieur à toutes les actions
» théatrales. »

Il faut convenir que M. de Voltaire, pénétré ainsi des beautés de Racine, était bien en droit de remarquer les fautes de Corneille. Cependant, nous devons répéter que dans son Commentaire sur les Œuvres de ce grand homme, il se trouve non-seulement des expressions dont nous condamnons la violence, mais, ce qui nous fait plus de peine encore, quelques remarques qui tendraient à restreindre les richesses de la langue poëtique :

richesses, qui, pour nous, ne sont déja que trop rares. Il est arrivé à M. de Voltaire ce qui arrive à tout homme de sang froid; il réprouve quelquefois d'heureuses hardiesses qu'il a employées lui-même, lorsqu'il écrivait en Poëte, & qui, loin d'être des défauts, forment, au contraire, un des ornemens essentiels de toute poésie. Mais nous n'en estimons pas moins les remarques judicieuses dont il a d'ailleurs enrichi ce Commentaire. Le même goût qui lui faisait sentir avec transport ces grands traits [illegible] que Racine a toujours si heureusement saisies, devait se révolter contre la déclamation, l'obscurité & l'enflure qui se mêlent trop souvent aux meilleures Pieces de Corneille, & qui défigurent entiérement la plupart des autres.

» En général, comme l'a très-bien dit M. de » Voltaire, le goût fin & sûr consiste dans le » sentiment prompt d'une beauté parmi des dé- » fauts, & d'un défaut parmi des beautés.

» Le gourmet est celui qui discernera le mé- » lange de deux vins, qui sentira ce qui domine » dans un mets, tandis que les autres convives » n'auront qu'un sentiment confus & égaré.

» On se trompe, quand on dit que c'est un » malheur d'avoir le goût trop délicat; il n'y a de » vrais plaisirs, au contraire, que pour les con- » naisseurs difficiles. Ils voient, ils entendent, ils » sentent ce qui échappe aux hommes moins » sensiblement organisés & moins exercés.

» Le véritable connaisseur en musique, en » peinture, en architecture, en poésie, &c., » éprouve des sensations que le vulgaire ne soup-

» connoît pas ; le plaisir même de découvrir une » faute le flatte, & lui fait sentir les beautés plus » vivement. C'est l'avantage des bonnes vues sur » les mauvaises. »

(5) C'est d'après M. de Voltaire, que nous avons parlé des changemens heureux arrivés parmi nous à l'art de la représentation. Il ajoute, à l'exemple de Mademoiselle Dumesnil, dans *Mérope*, celui du célebre le Kain & de Mademoiselle Clairon, dans la Tragédie de Tan- [illegible] ont été trans- » portées par des secousses si vives, jamais les » larmes n'ont plus coulé. La perfection de l'art » des acteurs s'est déployée, en ces deux occa- » sions, avec une force dont jusques-là nous n'a- » vions point d'idée, & Mademoiselle Clairon » est devenue sans contredit le plus grand peintre » de la nation.

» Si dans le quatrieme acte de *Mahomet*, on » avait de jeunes acteurs qui prissent ces grands » traits pour modeles ; un Séide, qui sût être » à la fois enthousiaste & tendre, féroce par » fanatisme, humain par nature, qui sût frémir » & pleurer ; une Palmire, animée, attendrie, » effrayée, tremblante du crime qu'on va com- » mettre, sentant déja l'horreur, le repentir, » le désespoir, à l'instant que le crime est com- » mis ; un pere vraiment pere, qui en eut les » entrailles, la voix, le maintien ; un pere qui » reconnait ses deux enfans dans ses deux meur- » triers, qui les embrasse en versant ses larmes » avec son sang ; qui mêle ses pleurs avec » ceux de ses enfans, qui se souleve pour les ser-

„ rer entre ses bras, retombe, se penche sur „ eux ; enfin, ce que la nature & la mort peu- „ vent fournir à un tableau : cette situation se- „ rait encore au-dessus de celles dont nous ve- „ nons de parler.

. . . .

„ Nous savons, & le public le sait mieux que „ nous, qu'il ne faut pas prodiguer ces actions „ terribles & déchirantes ; que plus elles font d'im- „ pression, bien amenées, bien ménagées, plus „ elles sont impertinentes, quand elles sont hors „ de propos. Une Piece mal écrite, mal dé- „ brouillée, obscure, chargée d'incidens incroya- „ bles, qui n'a de mérite que celui d'un panto- „ mime & d'un décorateur, n'est qu'un monstre „ dégoûtant.

„ Placez un tombeau dans *Sémiramis* ; osez y „ faire paraître l'ombre de Ninus ; que Ninias „ sorte de ce tombeau les bras teints du sang de „ sa mere, cela vous sera permis. Le respect pour „ l'antiquité, la mythologie, la majesté du sujet, „ la grandeur du crime, je ne sais quoi de som- „ bre & de terrible répandu, dès les premiers vers, „ sur toute cette Tragédie, transportent le spec- „ tateur hors de son siecle & de son pays. Mais „ ne répétez pas ces hardiesses ; qu'elles soient ra- „ res, qu'elles soient nécessaires. Si elles sont inu- „ tilement prodiguées, elles feront rire.

„ L'abus de l'action théatrale peut faire rentrer „ la Tragédie dans la barbarie. Que faut-il donc „ faire ? Craindre tous les écueils : mais comme il „ est plus aisé de faire une belle décoration qu'une „ belle scene, plus aisé d'indiquer des attitudes

» que de bien écrire, il est vraisemblable qu'on gâ-
» tera la Tragédie, en croyant la perfectionner. »

Rien de plus judicieux, & qui mérite plus l'attention de nos jeunes Auteurs dramatiques & de nos acteurs, que ce morceau qui doit leur servir de regle. On trouve dans le vaste Recueil des Œuvres de M. de Voltaire, une foule de choses précieuses, qui sont en quelque sorte perdues pour sa gloire, précisément par l'immensité de sa Collection, & qui auraient suffi à la réputation d'un autre Ecrivain.

(6) Cette maniere expéditive se fait sentir, sur-tout, dans les Épitres à l'Impératrice de Russie, au Roi de Danemarck, au Roi de la Chine, à M. d'Alembert, &c. &c.; dans les Pieces intitulées: *les Deux Siecles*, *les Cabales*, *les Systêmes*, *&c.*; dans quelques Odes appellées Prindariques; dans le Dialogue de Pégase & du Vieillard; & bien plus encore, dans celui du Pere Nicodeme & de Jeannot. On trouve à la vérité, dans presque toutes ces Pieces, des vers très-heureux, quelques détails agréables, & sur-tout de belles idées, qui n'ont jamais manqué à M. de Voltaire: mais c'est ce qu'on ne trouvera point dans les imitateurs de cette maniere négligée, & nous verrons éclore une foule de Poëtes auxquels il ne manquera précisément que de la poésie.

Parmi ces ouvrages des derniers temps de M. de Voltaire, nous voudrions pouvoir distinguer l'Épitre à Boileau; mais ces deux vers si injustes:

Boileau, correct Auteur de quelques bons écrits,

Zoïle de Quinault, & flatteur de Louis,

feront toujours la plus grande peine à ceux qui s'intéressent véritablement à sa gloire. Quelle sécheresse & quelle dureté dans ces mots : *Correct Auteur de quelques bons écrits !* Tous les écrits de Boileau, à l'exception de sa Satyre sur l'Équivoque, & de l'Ode sur la prise de Namur, sont bons, & doivent à jamais servir d'exemples à nos Poëtes. Les Épitres, le Lutrin, l'Art Poëtique, sont des chef-d'œuvres de tous les temps & de tous les lieux. Les Satyres mêmes, qu'on voudrait rabaisser, feront éternellement le modele du genre par la finesse, l'enjoûment, les graces que l'Auteur a su y répandre ; & nous ne connaissons rien dans l'antiquité, de préférable, ou même d'égal à la neuvieme de ces Satyres.

Le vers, *Zoïle de Quinault*, est bien plus étrange encore. Les noms de Zoïle & de Boileau sont incompatibles. Il aurait été l'ennemi de Corneille même, qu'il n'eut mérité que le nom d'injuste, & non celui de Zoïle, qui ne peut jamais s'appliquer à un Écrivain tel que lui. Quelque mérite que nous reconnaissions à Quinault, Boileau & Racine avaient sur lui une trop grande supériorité de génie & de talens, pour qu'il fût jamais permis de leur dire une injure, sous prétexte de le venger. Homere a eu véritablement un Zoïle ; Quinault ne peut en avoir d'autre que l'Écrivain subalterne qui voulait se gager à l'Opéra pour retoucher ses ouvrages.

Avouons que M. de Voltaire avait de l'humeur, soit qu'elle vint de lui-même, soit qu'elle ui eut été communiquée, lorsqu'il fit cette Épître, dans laquelle on trouve, d'ailleurs, de très-heureux détails. Hâtons-nous de l'opposer à lui-même, & de nous rappeller ce beau vers du Temple du Goût :

Là *régnait* Despréaux, *leur maître en l'art d'écrire.*

Ajoutons-y ces vers plus beaux encore :

On peut à Despréaux pardonner la satyre ;
Il joignit l'art de plaire au malheur de médire.
Le miel que cette Abeille avait tiré des fleurs,
Pouvait de sa piqûre adoucir les douleurs.
Mais pour un lourd Frélon, méchamment imbécille,
Qui vit du mal qu'il fait, & nuit sans être utile,
On écrase à plaisir cet insecte orgueilleux,
Qui fatigue l'oreille, & qui choque les yeux.

Nous avons dit que M. de Voltaire avait mieux conservé dans ses poésies légeres, que dans ses vers alexandrins, le charme de ses premiers écrits. On peut en juger par cette Piece, qu'il fit à quatre-vingts ans, & qui ne se trouve point dans son édition in-quarto.

A MADAME LA MARQUISE D***.

Eh quoi ! vous êtes étonnée
Qu'après ses quatre-vingts hivers,
Ma muse, faible & surannée,
Puisse encor fredonner des vers !

Quelquefois un peu de verdure
Rit sous les glaçons de nos champs ;
Elle console la nature,
Mais elle seche en peu de temps.

Un oiseau peut se faire entendre
Après la saison des beaux jours :
Mais sa voix n'a plus rien de tendre,
Il ne chante plus ses amours.

Ainsi, je touche encor ma lyre,
Qui n'obéit plus à mes doigts :
Ainsi j'essaye encor ma voix
Au moment même qu'elle expire.

Je veux, dans mes derniers adieux,
Disait Tibulle à son amante,
Attacher mes yeux sur tes yeux,
Te presser de ma main mourante.

Mais quand on sent qu'on va passer,
Quand l'ame fuit avec la vie,
A-t-on des yeux pour voir Délie,
Et des mains pour la caresser ?

Dans ces momens chacun oublie
Tout ce qu'il a fait en santé ;
Quel mortel s'est jamais flatté
D'un rendez-vous à l'agonie ?

Délie elle-même, à son tour,
S'en va dans la nuit éternelle,
En oubliant qu'elle fut belle,
Et qu'elle a vécu pour l'Amour.

Nous naiſſons, nous vivons, Glycere,
Nous mourons ſans ſavoir comment.
Chacun eſt parti du néant ;
Où va-t-il ? Dieu le ſait, ma chere.

Nous pourrions encore ajouter à cet exemple les adieux qu'il adreſſa, très-peu de temps avant ſa mort, à M. le Marquis de Villette. Ce furent ſes derniers vers, & préciſément ce que les anciens appellaient le chant du cygne (*).

(7) Voici ce que Jean-Baptiſte Rouſſeau écrivait à M. de Voltaire lui-même ſur ſa Tragédie d'Œdipe.

» Malgré l'éloignement qui nous ſépare, Monſieur, je ne vous ai jamais perdu de vue, & mon amitié vous a toujours ſuivi ſans interruption dans les différens événemens dont votre vie a été mélangée. Il y a long-temps que je vous regarde comme un homme deſtiné à faire un jour la gloire de ſon ſiecle, & j'ai eu la ſatisfaction de voir que toutes les perſonnes qui me font l'honneur de m'écouter en ont fait le même jugement que moi ſur les divers ouvrages que je leur ai ſouvent lus de vous. Dans le temps que je jouiſſais du plaiſir de voir croître une réputation qui m'eſt ſi chere, j'ai eu la douleur d'apprendre les traverſes dont vos ſuccès ont été interrompus, & je puis vous aſſurer que je ne les ai guere moins vivement ſenties que les miennes pro-

(*) Ils ſe trouvent dans les *Mémoires & Anecdotes de Voltaire.*

« pres..... Vous en voilà quitte, du moins je » l'espere ainsi, pour le reste de vos jours. Je sou- » haite qu'ils soient aussi longs que ceux de Cor- » neille, à qui vous succédez si dignement.

» Je n'ai reçu qu'hier le présent que vous avez » eu la bonté de me faire de la Tragédie dans la- » quelle vous avez lutté si avantageusement con- » tre ce fameux moderne. Je ne doutais nulle- » ment que l'avantage ne fût de votre côté ; mais » je ne m'attendais pas que vous sortissiez si glo- » rieusement du combat contre Sophocle. Et mal- » gré la juste prévention où je suis pour l'anti- » quité, je suis obligé d'avouer que le Français » de vingt-quatre ans a triomphé, en beaucoup » d'endroits, du Grec de quatre-vingt. Ce qui » m'a le plus surpris, dans un Auteur de votre » âge, c'est l'économie admirable de votre Piece, » & la maniere judicieuse & adroite avec laquelle » vous avez évité les écueils presque inévitables » d'une action aussi difficile à traiter que celle que » vous avez choisie. Vous n'étiez pas obligé, non » plus que Sophocle, de les éviter tous : mais vous » avez parfaitement rempli, aussi-bien que lui, » l'indispensable obligation d'attacher la curiosité » du spectateur, & d'émouvoir ses passions ; re- » gle à laquelle toutes les autres regles du Théâ- » tre sont tellement subordonnées, que sans elle, » une Piece sans défaut est une Piece détestable. » Vos caracteres ne sont pas moins justes que vo- » tre disposition, & je ne saurais approuver la cri- » tique que vous faites vous-même de celui de » Philoctete ; la modestie qui sied bien aux grands » Hommes n'étant point une vertu du caractere

» des héros fabuleux, & étant même contraire à
» la simplicité des premiers temps, comme la va-
» nité le serait à la politesse du nôtre.... »

......Il entre dans une foule d'autres détails, qui prouvent qu'en effet il reconnaissait, dans la Tragédie de M. de Voltaire, une véritable supériorité sur celle de Sophocle, & il finit par l'assurer des sentimens les plus tendres. Au reste, ce qu'il écrivait à M. de Voltaire, il l'écrivait pareillement à Brossette & à d'autres. » Je vous avouerai ingénûment & sans prévention, dit-il à
» Brossette, que j'ai trouvé la Piece plus belle
» encore que je ne me l'étais figuré, & que je
» ne m'attendais pas à trouver si peu de fautes dans
» la conduite d'un ouvrage où Corneille lui-même
» a échoué. » Il vante & la prodigieuse difficulté du sujet, & les inconvéniens que l'Auteur a évités avec plus d'art que Sophocle lui-même. Enfin, il justifie, d'après les caracteres d'Homere, celui de Philoctete dont M. de Voltaire paraissait mécontent, & il est en tout le même que dans la lettre précédente.

Voici ce qu'il écrivit depuis sur la Henriade.

» M. de Voltaire a passé ici trois semaines,
» pendant lesquelles nous ne nous sommes guere
» quittés. J'ai été charmé de voir un jeune homme
» d'une si grande espérance. Il a eu la bonté de me
» confier son Poëme pendant quelques jours. Je
» puis vous assurer qu'il fera un très-grand hon-
» neur à l'Auteur. Notre nation avait besoin
» d'un ouvrage comme celui-là : l'économie en
» est admirable, & les vers parfaitement beaux. A
» quelques endroits près, sur lesquels il est enti-

„ dans ma pensée, je n'y ai rien trouvé qui puisse
„ être critiqué raisonnablement. „

Répétons ici ce que nous avons déja cité ailleurs, la lettre que M. de Voltaire écrivit enfin, après la mort de Rousseau, & redisons encore que, pour sa propre gloire, il aurait dû persévérer dans ses sentimens.

„ J'ai reçu, Monsieur, la lettre que vous m'a-
„ vez fait l'honneur de m'écrire, avec votre projet
„ de souscription pour les Œuvres du célebre Poëte
„ dont vous étiez l'ami. Je me mets très-volontiers
„ au rang des souscripteurs, quoique j'aie été
„ malheureusement au rang de ses ennemis les
„ plus déclarés. Je vous avoûrai même que cette
„ inimitié pesait beaucoup à mon cœur. J'ai tou-
„ jours pensé, j'ai dit, j'ai écrit que les Gens
„ de Lettres devraient être tous freres. Il
„ semblait que la destinée, en me conduisant
„ dans la Ville où l'illustre & malheureux Rous-
„ seau a fini ses jours, me ménageât une récon-
„ ciliation avec lui. L'espece de maladie dont il
„ était accablé, m'a privé de cette consolation,
„ que nous avions tous deux également sou-
„ haitée (*). L'amour de la paix l'eut emporté

(*) Rousseau avait fait réellement à M. de Voltaire des avances de réconciliation : mais Rousseau avait d'implacables ennemis, dont quelques-uns même existent encore, & qui empêcherent toujours que M. de Voltaire ne revînt à lui. Nous l'avons dit, c'est moins à ce grand homme qu'il faut imputer la plupart de ses fautes, qu'aux ennemis qui le harcelaient sans cesse. Voulait-on, par exem-

» fur tous les fujets d'aigreur qu'on avait femés
» entre nous. Ses talens, fes malheurs, & ce que
» j'ai oui-dire ici de fon caractere, ont banni de
» mon cœur tout reffentiment, & n'ont laiffé
» mes yeux ouverts qu'à fon mérite. »

F I N.

ple, lui donner une apparence d'inimitié pour ceux de fes Contemporains, qui avaient, après lui, le plus de droits à la gloire? on affectait malignement de les élever infiniment au-deffus de lui, ou bien on leur fuppofait, à fon égard, des fentimens qu'ils n'avaient pas. Peut-être allait-on même jufqu'à leur prêter des épigrammes ou des injures; on était fûr, par ce manege, de lui donner de l'humeur, & on le rendait injufte.

ÉRIPHILE,

TRAGÉDIE.

DISCOURS.

JUGES plus éclairés que ceux qui, dans Athene,
Firent naître & fleurir les loix de Melpomene;
Daignez encourager des jeux & des écrits
Qui, de votre suffrage, attendent tout leur prix:
De vos décisions le flambeau salutaire
Est le guide assuré qui mene à l'art de plaire.
En vain, contre son juge, un auteur mutiné
Vous accuse ou se plaint quand il est condamné:
Un peu tumultueux, mais juste & respectable,
Ce tribunal est libre & toujours équitable.
Si l'on vit quelquefois des écrits ennuyeux
Trouver, par d'heureux traits, grace devant vos yeux;
Ils n'obtinrent jamais grace en votre mémoire:
Applaudis sans mérite; ils sont, chez vous, sans gloire:
Et vous vous empressez seulement à cueillir
Les fleurs que vous sentez qu'un moment va flétrir.
D'un acteur quelquefois la séduisante adresse

D'un vers dur & ſans grace adoucit la rudeſſe :
Des défauts embellis ne vous révoltent plus.
C'eſt Baron qu'on aimait ; ce n'eſt pas Régulus.
Sous le nom de Couvreur Conſtance a pu paraître ;
Le public eſt ſéduit ; mais alors il doit l'être :
Et, ſe livrant lui-même à ce charmant attrait,
Écoute avec plaiſir ce qu'il lit à regret.
Souvent vous démêlez, dans un nouvel ouvrage,
De l'or faux & du vrai le trompeur aſſemblage :
On vous voit tour-à-tour applaudir, réprouver ;
Et pardonner ſa chûte à qui peut s'élever.
Des ſons fiers & hardis du théatre tragique
Paris court avec joie aux graces du comique :
C'eſt-là qu'il veut qu'on change & d'eſprit & de ton :
Il ſe plaît au naïf, il s'égaie au bouffon :
Mais il aime ſur-tout qu'une main libre & ſûre
Trace, des mœurs du temps, la riante peinture.
Ainſi, dans le ſentier avant lui peu battu,
Moliere, en ſe jouant, conduit à la vertu.
Folâtrant quelquefois ſous un habit groteſque,
Une muſe deſcend au faux goût du burleſque :
On peut, à ce caprice, en paſſant s'abaiſſer ;
Mais moins pour applaudir que pour ſe délaſſer.
Heureux les purs écrits que la ſageſſe anime ;

Qui font rire l'esprit, qu'on aime & qu'on estime :
Tel est, du Glorieux, le chaste & sage auteur :
Dans ses vers épurés la vertu parle au cœur.
Voilà ce qui nous plaît ; voilà ce qui nous touche :
Et non ces froids bons mots dont l'honneur s'effarouche :
Insipide entretien des plus grossiers esprits,
Qui font naître à la fois le rire & le mépris.
Ah ! qu'à jamais la scene, ou sublime ou plaisante,
Soit des vertus du monde une école charmante !
Français, c'est dans ces lieux qu'on vous peint tour-à-tour
La grandeur des héros, les dangers de l'amour :
Souffrez que la terreur aujourd'hui reparaisse :
Que, d'Eschyle au tombeau, l'audace ici renaisse.
Si l'on a trop osé, si dans nos faibles chants
Sur des tons trop hardis nous montons nos accens,
Ne découragez point un effort téméraire :
Eh ! peut-on trop oser, quand on cherche à vous plaire ?
Daignez-vous transporter dans ces temps, dans ces lieux,
Chez les premiers humains vivans avec les Dieux ;
Et que votre raison se ramene à des fables

Que Sophocle & la Grece ont rendu vénérables.
Vous n'aurez point ici ce poison si flatteur
Que la main de l'amour apprête avec douceur.
Souvent, dans l'art d'aimer, Melpomene avilie
Farda ses nobles traits du pinceau de Thalie :
On vit des courtisans, des héros déguisés,
Pousser de froids soupirs en madrigaux usés.
Non, ce n'est point ainsi qu'il est permi qu'on aime:
L'amour n'est excusé que lorsqu'il est extrême.
Mais ne vous plairiez-vous qu'aux fureurs des amans?
A leurs pleurs, à leur joie, à leurs emportemens?
N'est-il point d'autres coups pour ébranler une ame?
Sans les flambeaux d'amour, il est des traits de flamme:
Il est des sentimens, des vertus, des malheurs
Qui, d'un cœur élevé, savent tirer des pleurs :
Aux sublimes accens des chantres de la Grece,
On s'attendrit en homme ; on pleure sans faiblesse.
Mais pour suivre les pas de ces premiers auteurs,
De ce spectacle utile illustres inventeurs,
Il faudrait pouvoir joindre, en sa fougue tragique,
L'élégance moderne avec la force antique :
D'un œil critique & juste il faut l'examiner ;

Se corriger cent fois, ne se rien pardonner;
Et, soi-même avec fruit se jugeant par avance,
Par ses sévérités gagner votre indulgence.

PERSONNAGES.

ÉRIPHILE, reine d'Argos.

THÉANDRE, ministre de la Reine.

ALCMÉON, inconnu, devenu commandant sous Hermogide.

LE GRAND-PRETRE de Jupiter.

HERMOGIDE, prétendant au trône d'Argos.

ZÉLONIDE, confidente de la Reine.

POLÉMON, confident de la Reine.

EUPHORBE, confident d'Hermogide.

Suite d'Argiens.

La Scene est à Argos, dans le vestibule du temple de Jupiter.

ÉRIPHILE.

ÉRIPHILE,

TRAGÉDIE.

ACTE PREMIER.

SCENE PREMIERE.

LE GRAND-PRÊTRE & sa suite, THÉANDRE.

LE GRAND-PRÊTRE.

ALLEZ, ministres saints ; annoncez à la terre
La justice du ciel, & la fin de la guerre.
Des pompes de la paix que ces murs soient parés.
Dieux, protégez Argos.... Théandre demeurez.
Vous voyez que, des Dieux, la sagesse éternelle

A béni de vos ſoins la piété fidelle.
Alcméon déſormais eſt le ſoutien d'Argos : (*)
La victoire a ſuivi le char de ce héros ;
Et lorſque devant lui deux rois vaincus fléchiſſent,
De ſa gloire ſur vous les rayons réjailliſſent :
Alcméon dans Argos paſſe pour votre fils.

THÉANDRE.

Depuis qu'entre mes mains cet enfant fut remis,
Ses vertus m'ont donné des entrailles de pere.
Je m'indigne en ſecret de ſon deſtin ſévere.
J'oſe accuſer, des Dieux, l'irrévocable loi
Qui le fit naître eſclave avec l'ame d'un roi :
Qui ſe plut à produire au ſein de la baſſeſſe
Le plus grand des héros dont s'honora la Grece.

LE GRAND-PRÊTRE.

Aux yeux des immortels, & devant leur ſplendeur,
Il n'eſt point de baſſeſſe ; il n'eſt point de grandeur :
Le plus vil des humains, le roi le plus auguſte,

Retranchement.

(*) Cet enfant, par mes mains à la mort arraché,
Ce préſent des deſtins, chez vous long-temps caché,
Par des exploits ſans nombre aujourd'hui juſtifie
L'œil pénétrant des Dieux qui veilla ſur ſa vie.

Tout eſt égal pour eux ; rien n'eſt grand que le
juſte :
Quels que ſoient ſes aïeux ; les deſtins aujourd'hui,
De leurs ordres ſacrés, ſe repoſent ſur lui.
Songez à cet oracle, à cette loi ſuprême
Que la reine autrefois a reçu des Dieux même.
» Lorſqu'en un même jour deux rois ſeront vain-
cus,
» Tes mains prépareront un ſecond hyménée ;
» Ces temps, ce jour affreux, feront la deſtinée
» Et des peuples d'Argos & du ſang d'Inachus. »
Ce jour eſt arrivé : votre éleve intrépide
A vaincu les deux rois de Pilos & d'Élide ;
Et l'hymen d'Ériphile eſt déja déclaré.
Vous, ſi du dernier roi le nom vous eſt ſacré,
D'Amphiarus encor ſi vous aimez la gloire,
Si ce roi malheureux vit dans votre mémoire,
Dans le cœur d'Alcméon gravez ces ſentimens :
Qu'il ſoit juſte, il ſuffit. Mais tremblez.....

THÉANDRE.

Dieux puiſſans,
Que nous annoncez-vous !

LE GRAND-PRÊTRE.

Voici le jour peut-être

Qui va redemander le sang de votre maître :
La vengeance implacable, & qui marche à pas lents,
Descend du haut des cieux, après plus de quinze ans:
Il faut d'Amphiarus venger la mort funeste. (*)
Dans une obscure nuit les Dieux cachent le reste.

THÉANDRE.

Il n'est donc que trop vrai ; ce prince infortuné,
Ce grand Amphiarus, put être assassiné !
Quoi, sa femme elle-même aurait pu !.... La barbare !

(*) Mais gardez qu'Alcméon, par une audace vaine,
Combatte ici les Dieux, & s'unisse à la reine.

THÉANDRE.

Qui, lui, qui d'Ériphile est le plus ferme appui !

LE GRAND-PRÊTRE.

Puisse à jamais le ciel la séparer de lui !

THÉANDRE.

A quelle horreur encor faut-il donc nous attendre !
Quoi, des Dieux sur Argos le courroux va descendre !
Dieux, est-ce là ce jour marqué par vos bienfaits !

LE GRAND-PRÊTRE.

Jamais jour ne sera plus terrible aux forfaits.
Il faut d'Amphiarus venger la mort funeste:
C'est tout ce que je sais; } les Dieux cachent le reste.
Aux peuples aveuglés }

Hélas ! quand des bons rois le ciel toujours avare
A ses tristes sujets ravit Amphiarus,
Il m'en souvient assez, un murmure confus,
Quelques secrettes voix, que je croyais à peine,
Accusaient de sa mort Hermogide & la reine !
Mais quel mortel hardi pouvait jetter les yeux
Dans la nuit qui couvrait ce mystere odieux?
Nos timides soupçons ont tremblé de paraître :
Ce bruit s'est dissipé.

LE GRAND-PRÊTRE.

Le ciel l'a fait renaître.
La vérité terrible, avec des yeux vengeurs,
Vient sur l'aile du temps ; & lit au fond des cœurs :
Son flambeau redoutable éclaire enfin l'abyme
Où, dans l'impunité, s'était caché le crime.

THÉANDRE.

O mon maître, ô grand roi, lâchement égorgé,
Je mourrai satisfait si vous êtes vengé ! (*)

(*) Qu'avec étonnement cependant je contemple
Les couronnes de fleurs dont vous parez le temple!
La publique allégresse ici parle à mes yeux
Du bonheur de la terre & des faveurs des Dieux.

LE GRAND-PRÈTRE.

La Grece ainsi l'ordonne ; & voici la journée
Que, pour ce nouveau choix, elle a déterminée.

LE GRAND-PRÊTRE.

Comment dois-tu finir, solennelle journée,
Que le destin fixa pour ce grand hyménée ?
Hermogide, & les rois ses illustres rivaux
Qui briguaient cet hymen & désolaient Argos

Hermogide & les rois d'Élide & de Pilos,
Qui briguaient cet hymen & désolaient Argos,
Suspendant aujourd'hui leur discorde & leur haine,
Ont remis leurs destins à la voix de la reine:
Elle doit en ces lieux disposer de sa foi:
Se choisir un époux, & nous donner un roi.

THÉANDRE.

O ciel, souffririez-vous que le traitre Hermogide
Reçût ce noble prix d'un si lâche homicide!

LE GRAND-PRÊTRE.

La reine hésite encore; & craint de déclarer
Celui que, de son choix, elle veut honorer:
Mais, quel que soit enfin le dessein d'Ériphile,
Les temps sont accomplis; son choix est inutile.

THÉANDRE.

Pour un hymen, grands Dieux, quel étrange appareil!
Ce matin, dévançant le retour du soleil,
J'ai vu dans ce palais la garde redoublée:
La reine était en pleurs, interdite, troublée;
Dans son appartement elle n'osait rentrer:
Une secrette horreur semblait la pénétrer:
Elle invoquait les Dieux, &, tremblante, éperdue,
De son premier époux embrassait la statue.

Dans une ombre de paix ont assoupi leur haine:
Ils ont remis leur sort à la voix de la reine:
Elle doit en ces lieux disposer de sa foi;
Se choisir un époux, & nous donner un roi.
Le verrez-vous, mes yeux! verrez-vous Hermogide
Succéder au héros dont il fut l'homicide!
Puisse un plus heureux choix, puisse un roi vertueux
Détourner le tonnerre & désarmer les Dieux!
Mais, hélas, des destins interprete sévere,
Je serai malgré moi ministre de colere!

THÉANDRE.

Nul ne sait, de son cœur, les secrets sentimens:
Mais un trouble inconnu l'agite à tous momens.
Ce matin, dans ces lieux, désolée, éperdue,
Elle a d'Amphiarus embrassé la statue:
Dans son appartement elle n'osait rentrer:
Une secrette horreur semblait la pénétrer.
Tel est des criminels le partage effroyable.
Ciel, qu'elle doit souffrir, si son cœur est coupable!

LE GRAND-PRÊTRE.

Bientôt de ces horreurs vous serez éclairci:
Suivez-moi dans le temple.

THÉANDRE.

Ah, seigneur, la voici.

SCENE II.

ÉRIPHILE, Suite, ZÉLONIDE, LE GRAND-PRÊTRE, THÉANDRE.

(*Ériphile paraît pleine d'horreur & de tristesse.*)

ZÉLONIDE *à la reine.*

PRINCESSE, rappellez votre force premiere ;
Que vos yeux sans frémir s'ouvrent à la lumiere.

ÉRIPHILE.

Ah, Dieux !

ZÉLONIDE.

Puissent les Dieux dissiper votre effroi !

ÉRIPHILE *au Grand-Prêtre.*

Eh quoi, ministre saint, vous fuyez devant moi !
Demeurez ; secourez votre reine éperdue :
Écartez cette main sur ma tête étendue :
Un spectre épouvantable en tous lieux me poursuit :
Les Dieux l'ont excité de l'éternelle nuit :
Je l'ai vu ; ce n'est point une erreur passagere

Que produit, du sommeil, la vapeur mensongere :
Le sommeil, à mes yeux refusant ses douceurs,
N'a point sur mon esprit répandu ces horreurs.
Je l'ai vu, je le vois ; cette image *effrayante*
A mes yeux *effrayés* demeure encor présente,
Du sein de ces tombeaux de cent rois mes aïeux
Il a percé l'abyme ; il marche dans ces lieux :
Les voiles malheureux qu'ici l'hymen m'apprête,
Sanglans & déchirés, semblaient couvrir sa tête ;
Et cachaient son visage à mon œil alarmé :
D'un glaive étincelant son bras était armé :
J'entends encor ses cris & ses plaintes funestes.
Vous, confident sacré des volontés célestes,
Répondez : quel est donc ce fantôme cruel ?
Est-ce un dieu des enfers, ou l'ombre d'un mortel ?
Quel pouvoir a brisé l'éternelle barriere
Dont le ciel sépara l'enfer & la lumiere ?
Les mânes des humains, malgré l'arrêt du sort,
Peuvent-ils revenir du séjour de la mort ?

LE GRAND-PRÊTRE.

Oui ; du ciel quelquefois la justice suprême
Suspend l'ordre éternel établi par lui-même :
Il permet à la mort d'interrompre ses loix,
Pour l'effroi de la terre & l'exemple des rois.

ÉRIPHILE.

Hélas, lorſque le ciel à vos autels m'entraîne ;
Et d'un ſecond hymen me fait ſubir la chaîne,
M'annonce-t-il la mort, ou défend-il mes jours ?
S'arme-t-il pour ma perte, ou bien pour mon ſecours ?
Que veut cet habitant des ténébreux abîmes ?
Que vient-il m'annoncer ?

LE GRAND-PRÊTRE *ſortant.*

Il vient punir les crimes.

SCENE III.

ÉRIPHILE, ZÉLONIDE.

ÉRIPHILE.

QUelle réponſe, ô Ciel, & quel préſage affreux !

ZÉLONIDE.

Ce jour ſemblait pour vous, des jours le plus heureux :
Des tyrans de ces lieux l'audace eſt confondue :
Par les mains d'Alcméon la paix vous eſt rendue :

Ces princes qui briguaient l'empire & votre main, (*)
D'un mot de votre bouche, attendent leur destin.

ÉRIPHILE.

Le bras d'Alcméon seul a fait tous ces miracles.

ZÉLONIDE.

Le destin, à vos vœux, ne mettra plus d'obstacles.
Songez à votre gloire ; à tous ces rois rivaux ;
A l'hymen qui, pour vous, rallume ses flambeaux.

ÉRIPHILE.

Moi, rallumer encor ces flammes détestées !
Moi, porter aux autels des mains ensanglantées !
Moi, choisir un époux ! Ce nom cher & sacré,
Par ma faiblesse horrible, est trop déshonoré.
Qu'on détruise à jamais ces pompes solemnelles.
Quelles mains s'uniraient à mes mains criminelles ?
Je ne puis,

(*) Vous étiez libre enfin.

ÉRIPHILE.

La liberté, la paix,
Dans mon cœur déchiré ne rentreront jamais.

ZÉLONIDE.

Aujourd'hui cependant, maîtresse de vous même,
Vous pouvez disposer de vous, du diadême.

ZÉLONIDE.

Rassurez votre cœur éperdu :
Hermogide bientôt.....

ÉRIPHILE.

Quel nom prononces-tu !
Hermogide, grands Dieux ! Lui, de qui la furie
Empoisonna le cours de ma fatale vie !
Hermogide ! Ah ! sans lui, sans ses {barbares / coupables} feux,
Mon cœur, mon triste cœur, eut été vertueux !

ZÉLONIDE.

Quel trouble vous saisit, quel remords vous tourmente ?

ÉRIPHILE.

Pardonne, Amphiarus, pardonne, ombre sanglante ;
Cesse de m'effrayer du sein de ce tombeau :
Je n'ai point, dans tes flancs, enfoncé le couteau ;
Je n'ai point consenti.... Que dis-je, misérable !

ZÉLONIDE.

Quoi, vous !... De quels forfaits êtes-vous donc coupable ?

ÉRIPHILE.

Je n'ai pu jusqu'ici t'avouer tant d'horreurs.

Les malheureux ſans peine exhalent leurs douleurs:
Mais, hélas! qu'il en coûte à déclarer ſa honte !

ZÉLONIDE.

Une douleur injuſte, un vain effroi vous dompte.
La vertu la plus pure eut toujours tous vos ſoins:
Votre cœur n'aima qu'elle.

ÉRIPHILE.

Il le voulait au moins.
Tu n'étais pas à moi lorſqu'un triſte hyménée,
Au ſage Amphiarus, unit ma deſtinée?

ZÉLONIDE.

Vous ſortiez de l'enfance, & de vos heureux jours
Seize printemps à peine avaient marqué le cours.

ÉRIPHILE.

C'eſt cet âge fatal & ſans expérience,
Ouvert aux paſſions, faible, plein d'imprudence,
C'eſt cet âge indiſcret qui fit tout mon malheur.
Un traître avait ſurpris le chemin de mon cœur.....
Hélas, qui l'aurait cru, que ce fier Hermogide,
Race des demi-Dieux, ſorti du ſang d'Alcide,
Sous l'appas d'un amour ſi tendre, ſi flatteur,
Des plus noirs ſentimens cachât la profondeur!
On lui promit ma main. Ce cœur faible & ſincere,
Dans ſes rapides vœux ſoumis aux loix d'un pere,

Trompé par son devoir, & trop tôt enflammé, (*)
Brûlait pour un barbare indigne d'être aimé :
Et, lorsqu'à l'oublier on voulut me contraindre,
Mes feux trop allumés ne pouvaient plus s'éteindre.
Amphiarus parut & changea mon destin :
Il obtint de mon pere & l'empire & ma main.
Je l'armai dans ces lieux de ce fer redoutable,
Ce fer sacré des rois, dont une main coupable

(*) D'un autre hymen alors on m'imposa la loi :
On demande mon cœur ; il n'était plus à moi.
(†) Il fallut étouffer ma passion naissante ;
D'autant plus forte en moi, qu'elle étoit innocente :
Que la main de mon pere avait formé nos nœuds :
Que mon sort, en changeant, ne changeait point mes feux :
Et que le fier devoir, armé pour me contraindre,
Les ayant allumés, eut peine à les éteindre.
Cependant tu le sais ; Athenes, Sparte, Argos,
Envoyerent à Thebe un peuple de héros.
Mon époux y courut. Le jaloux Hermogide
S'éloigna sur ses pas des champs de l'Argolide.
Je reçus ses adieux. O funestes momens,
Cause de mes malheurs, source de mes tourmens !
Je crus pouvoir lui dire, en mon désordre extrême,
Que je serais à lui, si j'étais à moi-même.
J'en dis trop, Zélonide ; & faible que je suis,
Mes yeux, mouillés de pleurs, expliquaient mes ennuis.

Osa depuis.... Hélas! en lui donnant ma foi,
Je lui devais un cœur, il n'était plus à moi!
Ingrate à ce héros, qui seul m'aurait dû plaire,
Je portai dans ses bras une amour étrangere.
Objet de mes remords, objet de ma pitié,
Demi-Dieu, dont je fus la coupable moitié,
Quand tu quittas ces lieux, quand le traître Hermogide

De mes soupirs honteux je ne fus pas maîtresse;
Même en le condamnant, je flattais sa tendresse.

Autre changement.

(†) Ma passion naissante aveuglait ma jeunesse:
D'autant plus malheureuse, hélas dans ma faiblesse,
Que mon cœur abusé se sentait prévenu
Pour un indigne *amour* (*) qu'il avait mal connu:
Et qu'ingrate à l'époux qui seul m'aurait dû plaire,
Il me fallut combattre un amour adultere!
Objet de mes remords, objet de ma pitié,
Demi-Dieu, dont je fus la coupable moitié.
(§) Pourquoi, quand tu partis, quand le traître Hermogide
Te fit abandonner les champs de l'Argolide,
Pourquoi le vis-je alors, trop faible que je suis!

Autre.

(§) Hélas, quand tu partis, guidé par ton audace,
Lorsqu'Hermogide à Thebe accompagna ta trace,
Pourquoi le vis-je, &c.

(*) *Il faut, je crois,* amant.

Te fit abandonner les champs de l'Argolide,
Je l'avoue, il est vrai, je ne dûs pas le voir,
Et dûs mieux écouter la loi de mon devoir :
Je dûs cacher au moins ma coupable faiblesse.
Mon front mal déguisé fit parler ma tendresse :
J'avouais ma défaite, en pensant triompher :
J'allumais son espoir, que je crus étouffer.
L'aveugle ambition dont il brûlait dans l'ame,
De son fatal amour, empoisonnait la flamme :
Il entrevit le trône ouvert à ses desirs ;
Il expliqua mes pleurs, mes discours, mes soupirs,
Comme un ordre secret que ma timide bouche
Hésitait de prescrire à sa rage farouche.....
Je t'en ai dit assez.... & mon époux est mort. (*)

ZÉLONIDE.

Le roi, dans un combat, vit terminer son sort.

ÉRIPHILE.

Argos le croit ainsi ; mais une main impie,
Ou plutôt ma faiblesse, a terminé sa vie :
Hermogide en secret l'immola sous ses coups.
Le cruel, tout couvert du sang de mon époux,

(*) Enfin le Roi périt, & j'ai causé sa mort.

Vint, armé de ce fer, instrument de sa rage, (*)
Qui des droits à l'empire était l'auguste gage;
Et d'un assassinat pour moi seule entrepris,
Au pied de nos autels, il demanda le prix.
Grands Dieux, qui m'inspirez mes remords légitimes,
Mon cœur, vous le savez, n'est point fait pour les crimes;
Il est né vertueux! .... Je vis avec horreur
Le coupable ennemi qui fut mon séducteur.
Je détestai {le trône / l'amour} & {l'amour / l'empire} & la vie.

ZÉLONIDE.

Eh, ne pouviez-vous pas punir sa barbarie?
Étiez-vous sourde au cri de ce sang innocent?

ÉRIPHILE.

Celui qui le versa fut toujours trop puissant:
Et son habileté, secondant son audace,
De ce crime aux mortels a dérobé la trace.
Je ne sus que pleurer, me taire & le haïr:
Mais le ciel à l'instant s'arma pour me punir.

(*) *Étalant* à mes yeux son crime & sa tendresse,
Vint comme à sa complice *étaler* sa promesse.

La main des Dieux, ſur moi toujours appeſantie,
Opprima mes ſujets, perſécuta ma vie.
Les princes de Serra, d'Élide & de Pilos,
Se diſputaient mon cœur & l'empire d'Argos.
De nos chefs diviſés les brigues & les haines
De l'état qui chancelle embarraſſoient les rênes;
Plus terrible qu'eux tous, plus grand, plus dangereux,
Sûr de ſes droits au trône, & fier de ſes aïeux,
Mêlant à ſes forfaits la force & le courage,
Et brigant à l'envi ce ſanglant héritage,
Le barbare Hermogide a diſputé contre eux
Et le prix de ſon crime, & l'objet de ſes feux.
Sur mon hymen alors, ſur le ſort de la guerre,
Je conſultai la voix du maître du tonnerre:
A ſa divinité, dont ces lieux ſont remplis,
J'offris en frémiſſant mon encens & mes cris.
Sans doute tu l'appris cet oracle funeſte;
Ce triſte avant-coureur du châtiment céleſte;
Cet oracle me dit de ne choiſir un roi
Que quand deux rois vaincus fléchiraient devant moi:
Mais qu'alors, d'un époux vengeant le ſang qui crie,
Mon fils, mon propre fils, m'arracherait la vie.

ZÉLONIDE.

Juste ciel ! eh ! que faire en cette extrémité !

ÉRIPHILE.

Jamais mon triste cœur ne fut plus tourmenté.
Je chérissais mon fils ; la crainte & la tendresse
De mes sens désolés partageaient la faiblesse :
Mon fils me consolait de la mort d'un époux ;
Mais il fallait le perdre ou mourir par ses coups.
Trop de crainte peut-être, & trop de prévoyance,
M'ont fait injustement éloigner son enfance :
Je n'osais ni trancher ni sauver ses destins :
J'abandonnai son sort à d'étrangeres mains :
Il mourut pour sa mere, & ma bouche infidelle
De son trépas ici répandit la nouvelle.
Je l'arrachai pleurant de mes bras maternels....
Quelle perte, grands Dieux, & quels destins cruels !
J'ôte à mon fils le trône, à mon époux la vie ;
Et ma seule faiblesse a fait ma barbarie.
Zélonide, à tes yeux mon sort est dévoilé.
Tu vois de quelle horreur mon esprit est troublé.
Alcméon, sur deux rois, remporte la victoire ;
Mon hymen, de ce jour, doit signaler la gloire :
Mais les feux préparés pour cet hymen nouveau
Vont éclairer ma mort & parer mon tombeau.

SCENE IV.

ÉRIPHILE, ZÉLONIDE, POLÉMON.

ÉRIPHILE.

EH bien, cher Polémon, que venez-vous me dire ?

POLÉMON.

J'apporte à vos genoux les vœux de {cet / tout l'} empire :
Son ſort dépend de vous : le don de votre foi
Fait la paix de la Grece & le bonheur d'un roi.
Ce long retardement à vous-même funeſte,
De nos diviſions peut ranimer le reſte.
Euriale & Tidée, & ces rois repouſſés,
Vaincus par Alcméon, ne ſont point terraſſés :
Dans Argos, incertain quel roi ſera ſon maître,
Hermogide eſt puiſſant, ſon parti peut renaître :
Il ſe plaint, il murmure ; &, prompt à s'alarmer,
Bientôt, malgré vous-même, il le pourrait nommer.
Veuve d'Amphiarus, & digne de ce titre,
De ces grands différends & la cauſe & l'arbitre

Reine, daignez d'Argos accomplir les souhaits :
Que le droit de régner soit un de vos bienfaits ;
Que votre voix décide ; & que cet hyménée
De la Grece & de vous regle la destinée.

ÉRIPHILE.

Pour qui penche ce peuple ?

POLÉMON.

Il attend votre choix :
Mais on sait qu'Hermogide est du sang de nos rois;
Du souverain pouvoir il est dépositaire :
Cet hymen à l'État semble être nécessaire.

ÉRIPHILE.

On veut que je l'épouse, & qu'il soit votre roi ?

POLÉMON.

Madame, avec respect on suivra votre loi :
Prononcez, un seul mot réglera nos hommages.

ÉRIPHILE.

Mais, du peuple, Hermogide a-t-il tous les suffrages ?

POLÉMON.

S'il faut parler, madame, avec sincérité,
Ce prince est, dans ces lieux, moins cher que redouté :
On croit qu'à son hymen il vous faudra souscrire:

Mais, madame, on le croit plus qu'on ne le desire.

ÉRIPHILE.

Alcméon ne vient point: l'a-t-on fait avertir?

POLÉMON.

Déja du camp, Madame, il aura dû partir.

ÉRIPHILE.

Ce n'est qu'en sa vertu que j'ai quelque espérance;
Puisse-t-il, de sa reine, embrasser la défense!
Puisse-t-il me sauver de tous mes ennemis!
O Dieux de mon époux, & vous, Dieux de mon fils,
Prenez de cet état les rênes languissantes!
Remettez-les vous-même en des mains innocentes!
Ou, si dans ce grand jour il faut me déclarer,
Conduisez donc mon cœur, & daignez m'inspirer!

Fin du premier Acte.

ACTE II.

SCENE PREMIERE.

ALCMÉON, THÉANDRE.

THÉANDRE.

Alcméon, j'ai pitié de voir tant de foiblesse:
L'erreur qui vous séduit, la douleur qui vous presse,
De vos desirs secrets l'orgueil présomptueux
Éclate malgré vous & parle dans vos yeux;
Et j'ai tremblé cent fois que la reine offensée
Ne punît, de vos vœux, la fureur insensée.
Qui, vous! jetter sur elle un œil audacieux!
Vous cherchez à vous perdre. Ah! jeune ambitieux,

Faut-il vous voir ôter, par vos fougueux caprices,
L'honneur de vos exploits; le fruit de vos services;
Le prix de tant de sang versé dans les combats!

ALCMÉON.

Cher ami, pardonnez: je ne me connais pas....
La reine, oui je l'avoue; oui, sa fatale vue
Porte au fond de mon ame une atteinte inconnue.
Je ne veux point voiler à vos regards discrets
L'erreur de mon jeune âge & mes troubles secrets.
Je vous dirai bien plus: l'aspect du diadême
Semble emporter mon ame au-delà de moi-même.
J'ignore pour quel roi mon bras a triomphé.
Mais, pressé d'un dépit avec peine étouffé,
A mon cœur étonné c'est un secret outrage
Qu'un autre emporte ici le prix de mon courage:
Que le trône ébranlé dont je fus le rempart,
Dépende d'un coup d'œil, ou se donne au hasard.
Que dis-je? hélas! peut-être est-il le prix du crime!
Mais non; n'écoutons point le transport qui m'anime:
Bannissons loin de moi ce funeste soupçon
Qui regne en mon esprit, & trouble ma raison.
Ah! si la vertu seule, & non pas la naissance!....

THÉAN-

THÉANDRE.

Écoutez. J'ai moi-même élevé votre enfance:
Souffrez-moi quelquefois, généreux Alcméon,
L'autorité d'un pere aussi-bien que le nom.
Vous passez pour mon fils: la fortune sévere,
Inégale en ses dons, pour vous marâtre & mere,
De vos jours conservés voulut mêler le fil
De l'éclat le plus grand & du sort le plus vil.
J'ai, d'un secret profond, couvert votre origine:
Mais vous la connaissez: & cette ame divine,
Du haut de sa fortune, & parmi tant d'éclat,
Devrait baisser les yeux sur son premier état.
Gardez que quelque jour cet orgueil téméraire
N'attire sur vous-même une triste lumiere;
N'éclaire enfin l'envie; & n'offre à l'univers,
Sous vos lauriers pompeux, la honte de vos fers.

ALCMÉON.

Ah! c'est ce qui m'accable, & qui me désespere,
Il faut rougir de moi, trembler au nom d'un pere;
Me cacher par faiblesse aux moindres citoyens;
Et reprocher ma vie à ceux dont je la tiens.
Préjugé malheureux, éclatante chimere,
Que l'orgueil inventa, que le faible révere;
Par qui j'ai vu languir le mérite abattu

Aux pieds d'un prince indigne ou d'un grand sans vertu !
Les mortels sont égaux : ce n'est point la naissance,
C'est la seule vertu qui fait leur différence :
C'est elle qui met l'homme au rang des demi-Dieux ;
Et qui sert son pays n'a pas besoin d'aïeux :
Princes, rois, la fortune a fait votre partage :
Mes grandeurs sont à moi ; mon sort est mon ouvrage ;
Et ces fers si honteux, ces fers où je naquis,
Je les ai faits porter aux mains des ennemis.
Je n'ai plus rien du sang qui m'a donné la vie :
Il a, dans les combats, coulé pour la patrie.
Je vois ce que je suis, & non ce que je fus ;
Et crois valoir au moins des rois que j'ai vaincus.

THÉANDRE.

Alcméon, croyez-moi ; l'orgueil qui vous inspire,
Que je dois condamner, & que pourtant j'admire ;
Ce principe éclatant de tant d'exploits fameux,
En vous rendant si grand, vous fait trop malheureux.
Pliez à votre état ce fougueux caractere (*)

(*) Quand vous seriez mon fils, que pourriez-vous prétendre ?...

Qui, d'un brave guerrier, ferait un téméraire:
C'est un des ennemis qu'il vous faut subjuguer:
Né pour servir le trône, & non pour le briguer,
Sachez vous contenter de votre destinée:
D'une gloire assez haute elle est environnée:
N'en recherchez point d'autre.... Eh! qui sait si les Dieux,
Qui, toujours sur vos pas ont attaché leurs yeux,
Qui, pour venger Argos & pour calmer la Grece,
Ont voulu vous tirer du sein de la bassesse,
N'ont point encor sur vous quelques secrets desseins!
Peut-être leur vengeance est mise entre vos mains.
Le sang de votre roi, dont la terre est fumante,
Éleve encore au ciel une voix gémissante;
Sa voix est entendue; & les Dieux aujourd'hui,
Contre ses assassins se déclarent pour lui:
Le Grand-Prêtre déja voit la foudre allumée,
Qui se cache à vos yeux dans les airs enfermée.
Enfin que feriez-vous, si les arrêts du ciel

D'un sang peu glorieux le ciel m'a fait descendre;
Et dans Corebe ou moi n'offre à votre fierté
Que de l'ignominie ou de l'obscurité.

Vous pressaient de punir un monstre si cruel ?
Si, chargé malgré vous de leur ordre suprême,
Vous vous trouviez entre eux & la reine elle-même?
S'il vous fallait choisir ?

SCENE II.

ALCMÉON, THÉANDRE, POLÉMON.

POLÉMON.

LA reine, en ce moment,
Vous mande de l'attendre en cet appartement:
Elle vient. Il s'agit du salut de l'empire.

THÉANDRE.

Prête à choisir un roi, qu'aurait-elle à lui dire ?
D'Amphiarus, ô Dieux, daignez-vous souvenir!

ALCMÉON.

Pour la derniere fois je vais l'entretenir.

SCENE III.

ÉRIPHILE, ALCMÉON, ZÉLONIDE.

ÉRIPHILE.

C'Est à vous, Alcméon; c'est à votre victoire
Qu'Argos doit son bonheur, Ériphile sa gloire:
C'est par vous que, maîtresse & du trône & de moi,
Dans ces murs relevés je puis choisir un roi.
Mais, prête à le nommer, ma juste prévoyance
Veut s'assurer ici de votre obéissance.
J'ai, de nommer un roi, le dangereux honneur:
Faites plus, Alcméon, soyez son défenseur.

ALCMÉON.

D'un prix trop glorieux ma vie est honorée:
A vous servir, madame, elle fut consacrée;
Je vous devais mon sang; & quand je l'ai versé,
Puisqu'il coulait pour vous, je fus récompensé.
Mais telle est de mon sort la dure violence,
Qu'il faut que je vous trompe ou que je vous offense.
Reine, je vais parler. Des rois humiliés

Briguent votre ſuffrage & tombent à vos pieds :
Tout vous rit : que pourrais-je, en ce ſéjour tranquille,
Vous offrir, qu'un vain zele & qu'un bras inutile!
Laiſſez-moi fuir des lieux où le deſtin jaloux
Me ferait malgré moi trop coupable envers vous.

ÉRIPHILE.

Vous, me quitter, ô Dieux! Dans quel temps!

ALCMÉON.

Les orages
Ont ceſſé de gronder ſur ces heureux rivages:
Ma main les écarta. La Grece en ce grand jour,
Va voir enfin l'hymen, & peut-être l'amour,
Par votre auguſte voix nommer un nouveau maître:
Reine jusqu'aujourd'hui, vous avez pu connaître
Quelle fidélité m'attachait à vos loix :
Quel zele inaltérable échauffait mes exploits,
J'eſpérais à jamais vivre ſous votre empire:
Mes vœux pourraient changer; & j'oſe ici vous dire
Que cet heureux époux, ſur le trône monté,
Éprouverait en moi moins de fidélité;
Et qu'un ſujet ſoumis, dévoué, plein de zele,
Peut-être en d'autres lieux deviendrait un rebelle.

ÉRIPHILE.

Vous me quitter ! (*) Faut-il, quand je vous donne
un roi,
Que les cœurs vertueux se détachent de moi !
Que craignez-vous ? Parlez ; il faut ne me rien taire.

ALCMÉON.

Je ne dois point lever un regard téméraire
Sur les secrets du trône, & sur les nouveaux nœuds
Préparés par vos mains pour un roi trop heureux :
Mais de ce jour enfin la pompe solemnelle,
De votre choix au peuple, annonce la nouvelle.
Ce secret dans Argos est déja répandu.
Princesse, à cet hymen on s'était attendu :
Ce choix sans doute est juste, & la raison le guide : (†)
Mais je ne serai point le sujet d'Hermogide.
Voilà mes sentimens : & mon bras aujourd'hui,
Ayant vaincu pour vous, ne peut servir sous lui.
Punissez ma fierté, d'autant plus condamnable,

(*) Eh quoi, pouvez-vous donc penser
Qu'Ériphile hésitât à vous récompenser ?

(†) On ne s'étonne point que l'heureux Hermogide
L'emporte sur les rois de Pilos & d'Élide :
Il est du sang des Dieux & de nos premiers rois :
Puisse-t-il mériter l'honneur de votre choix !

Qu'ayant osé paraître elle est inébranlable.

ÉRIPHILE.

Alcméon, demeurez.... J'atteste ici les Dieux;
Ces Dieux qui sur le crime ouvrent toujours les yeux,
Qu'Hermogide jamais ne sera votre maître.
Sachez que c'est à vous à l'empêcher de l'être:
Et contre ses rivaux, & sur-tout contre lui,
Songez que votre reine implore votre appui.

ALCMÉON.

Qu'entends-je! Ah! disposez de mon sang, de ma vie!
Que je meure à vos pieds, en vous ayant servie!
Que ma mort soit utile au bonheur de vos jours!

ÉRIPHILE.

C'est de vous seul ici que j'attends du secours.
Allez; assurez-vous des soldats dont le zele
Se montre à me servir plus prompt & plus fidele:
Que, de tous vos amis, ces murs soient entourés:
Qu'à tout événement leurs bras soient préparés.
Dans l'horreur où je suis, sachez que je suis prête
A marcher, s'il le faut, & mourir à leur tête.
Allez.

SCENE IV.

ÉRIPHILE, ZÉLONIDE.

ZÉLONIDE.

Que faites-vous? Quel est votre dessein?
Que veut cet ordre affreux?

ÉRIPHILE.

Ah! je succombe enfin!
Dieux, comme en lui parlant mon ame déchirée,
Par des nœuds inconnus, se sentait attirée!
De quels charmes secrets mon cœur est combattu!
Quel état! Achevons ce que j'ai résolu.
Je le veux: étouffons ces indignes alarmes.

ZÉLONIDE.

Vous parlez d'Alcméon, & vous versez des larmes!
Que je crains qu'en secret une fatale erreur!...

ÉRIPHILE.

Ah! que jamais l'amour ne rentre dans mon cœur!
Il m'en a trop coûté: que ce poison funeste,

De mes jours languissans, n'accable plus le reste !
Jours toujours malheureux, vous ne fûtes remplis
Qu'à pleurer mon époux, qu'à regretter mon fils :
Leur souvenir fatal à toutes mes promesses.....
Malheureuse, est-ce à toi d'éprouver des faiblesses !
Ce cœur plein d'amertume, est-il fait pour aimer !
Ah ! le seul Hermogide avait sû me charmer.

ZÉLONIDE.

Pourquoi donc, à son nom, redoublez-vous vos plaintes ?
Pardonnez à mon zele, & permettez mes craintes :
Songez que si l'amour décidait aujourd'hui.....

ÉRIPHILE.

Non ce n'est point l'amour qui m'entraine vers lui :
Non, un Dieu plus puissant me contraint à me rendre :
L'amour n'est point si pur, l'amour n'est point si tendre :
Non ; plus je m'examine, & plus j'ose approuver
Les sentimens secrets qui m'ont su captiver.
Ce n'est point par les yeux que mon ame est vaincue.
Ne crois pas qu'à ce point, de mon rang descendue,
Écoutant de mes sens le charme empoisonneur,
Je donne à la beauté le prix de la valeur :

Je chéris la vertu ; j'aime ce que j'admire.

ZÉLONIDE.

Eh quoi ! vous oseriez le nommer à l'empire ? (*)

ÉRIPHILE.

Peut-être entre ses mains le sceptre étant remis
Deviendrait respectable à nos Dieux ennemis.
Mais une loi plus simple & m'éclaire & me guide :
Je chéris Alcméon, je déteste Hermogide ;
Et je vais rejetter en ce funeste jour,
Les conseils de la haine & la voix de l'amour.
Nature ; dans mon cœur si long-temps combattue,
Sentimens partagés d'une mere éperdue,
Tendre ressouvenir d'amour de mon devoir,
Reprenez sur mon ame un absolu pouvoir.
Moi, régner ! moi, bannir l'héritier véritable !
Le sceptre ensanglanté pese à ma main coupable.
Réparons tout ; allons.... Et vous, Dieux, dont je
sors,

(*) Préférer à des rois un simple citoyen ?
Déshonorer le trône ?

ÉRIPHILE.

Il en est le soutien :
Et le sang dont il est, fût-il plus vil encore,
Je ne vois point de rang qu'Alcméon déshonore.

Pardonnez des forfaits moindres que mes remords !

ZÉLONIDE.

Madame, quelqu'un vient.

ÉRIPHILE.

O Dieux ! c'est Hermogide !

SCENE V.

ÉRIPHILE, HERMOGIDE, ZÉLONIDE, EUPHORBE.

HERMOGIDE.

Madame, je sens trop le transport qui vous guide :
Je vois que votre cœur sait peu dissimuler :
Mais les momens sont chers ; & je dois vous parler.
Souffrez de mon respect un conseil salutaire.
Votre destin dépend du choix qu'il vous faut faire.
Je ne viens point ici rappeller des sermens
Dictés par votre pere, effacés par le temps :
Mon cœur, ainsi que vous, doit oublier, madame,

Les jours infortunés d'une inutile flamme ;
Et je rougirais trop, & pour vous, & pour moi,
Si c'était à l'amour à nous donner un roi.
Un sentiment plus digne & de l'un & de l'autre
Doit gouverner mon sort & commander au vôtre.
Vos aïeux & les miens, les Dieux dont nous sortons:
Cet état périssant, si nous nous divisons ;
Le sang qui nous a joints ; l'intérêt qui nous lie,
Nos ennemis communs ; l'amour de la patrie ;
Votre pouvoir, le mien, tous deux à redouter ;
Ce sont-là les conseils qu'il vous faut écouter.
Bannissez pour jamais un souvenir funeste :
Le présent nous appelle ; oublions tout le reste :
Le passé n'est plus rien. Maître de l'avenir,
Le grand art de régner doit seul nous réunir.
Les plaintes, les regrets, les vœux sont inutiles. (*)
C'est par la fermeté qu'on rend les Dieux faciles.
Ce fantôme odieux qui vous trouble en ce jour, (†)

(*) Et pour un choix si grand, j'attends de vous, Madame,
Les vertus d'un grand roi, non les pleurs d'une femme.

(†) Devons-nous redouter un fantôme odieux !
Vivant, je l'ai vaincu ; mort, est-il dangereux !
D'un œil indifférent voyons ces vains prodiges :
Que peuvent contre nous les morts & leurs prestiges !

Qui naquit de la crainte & l'enfante à son tour,
Doit-il nous alarmer par tous ses vains prestiges!
Pour qui ne les craint point il n'est point de prodiges.
Ils sont l'appas grossier des peuples ignorans:
L'invention du fourbe, & le mépris des grands.
Pensez en roi, madame; & laissez au vulgaire,
Des superstitions, le joug imaginaire.

ÉRIPHILE.

Quoi, vous!.....

HERMOGIDE.

Encore un mot, madame, & je me tais,
Le seul bien de l'état doit remplir vos souhaits.
Vous n'avez plus les noms & d'épouse & de mere;
Le ciel vous honora d'un plus grand caractere;
Vous régnez: mais songez qu'Argos demande un roi:
Vous avez à choisir, vos ennemis ou moi:
Moi, né près de ce trône; & dont la main sanglante
A soutenu quinze ans sa grandeur chancelante:
Moi, dis-je, où l'un des rois sans force & sans appui,
Que mon lieutenant seul a vaincus aujourd'hui.
Je me connais; je sais que, blanchi sous les armes,
Ce front triste & sévere a pour vous peu de charmes;
Je sais que vos appas, encor dans leur printemps,

Devraient s'effaroucher de l'hiver de mes ans :
Mais la raifon d'état connaît peu les caprices :
Et de ce front guerrier les nobles cicatrices
Ne peuvent fe couvrir que du bandeau des rois.
Vous connaiffez mon rang, mes attentats, mes droits :
Sachant ce que j'ai fait, & voyant où j'afpire,
Vous me devez, madame, ou la mort ou l'empire.
Quoi ! vos yeux font en pleurs, & vos efprits troublés ! ...

ÉRIPHILE.

Non, feigneur, je me rends : mes deftins font réglés :
On le veut ; il le faut ; ce peuple me l'ordonne :
C'en eft fait ; à mon fort, feigneur, je m'abandonne.
Vous, lorfque le foleil defcendra dans les flots,
Trouvez-vous dans le temple avec les chefs d'Argos.
A mes aïeux, à vous, je vais rendre justice ;
Et prétends qu'à mon choix l'univers applaudiffe :
Et vous pourrez juger fi ce cœur abattu
Sait conferver la gloire & connaît la vertu.

HERMOGIDE.

Mais, madame, voyez....

ÉRIPHILE.

Dans mon inquiétude,
Mon esprit a besoin d'un peu de solitude :
Mais, jusqu'à ces momens que mon ordre a fixés,
Si je suis reine encor, seigneur obéissez.

SCENE VI.

HERMOGIDE, EUPHORBE.

HERMOGIDE.

Demeure. Ce n'est pas au gré de son caprice
Qu'il faut que ma fortune & que mon sort fléchisse :
Et je n'ai pas versé tout le sang de mes rois
Pour dépendre aujourd'hui du hasard de son choix.
Parle ; as-tu disposé cette troupe intrépide ;
Ces compagnons hardis du destin d'Hermogide ?
Contre la reine même osent-ils me servir ?

EUPHORBE.

Pour vos intérêts seuls ils sont prêts à périr.

HERMOGIDE.

Je saurai me sauver du reproche & du blâme,
D'attendre, pour régner, les bontés d'une femme.
Je fus quinze ans sans maître à ne pas obéir :
Le fruit de tant de soins est lent à recueillir ;
Mais enfin l'heure approche ; & c'étoit trop attendre
Pour suivre Amphiarus, ou régner sur sa cendre.
Mon destin se décide : &, si le premier pas
Ne m'éleve à l'empire, il m'entraîne au trépas.
Entre le trône & moi tu vois le précipice :
Allons ; que ma fortune y tombe, ou le franchisse.

Fin du second Acte.

ACTE III.

SCENE PREMIERE.

HERMOGIDE, EUPHORBE.

HERMOGIDE.

ENfin donc voici l'heure où, dans le temple même,
La reine, avec sa main, donne le diadême!
Euphorbe, ou je me trompe, ou de bien des horreurs
Ces dangereux momens sont les avant-coureurs.

EUPHORBE.

Polémon, de sa part, flatte votre espérance.

HERMOGIDE.

Polémon veut en vain tromper ma défiance.

EUPHORBE.

Eh! qui choisir, que vous! Cet empire aujourd'hui
Demande un bras puissant qui lui serve d'appui....
Que dis-je! Vous aimez; & jamais tant de flamme....

HERMOGIDE.

Moi! Que cette faiblesse ait amolli mon ame!
Hermogide amoureux! Ah! qui veut être roi,
On n'est pas fait pour l'être, ou n'aime rien que soi.
A la reine engagé, je pris sur sa jeunesse
Cet heureux ascendant que les soins, la souplesse,
L'attention, le temps, savent si bien donner
Sur un cœur sans dessein, facile à gouverner:
Le bandeau de l'amour & l'art trompeur de plaire,
De mes vastes desseins, ont voilé le mystere:
Mais de tout temps, crois moi, la soif de la grandeur
Fut le seul sentiment qui régna dans mon cœur.

EUPHORBE.

Tout vous portait au trône; & les vœux de l'armée,
Et la voix de ce peuple & de la renommée,
Et celle de la reine en qui vous espériez.

HERMOGIDE.

Par quels funestes nœuds nos destins sont liés!
Son époux & son fils, privés de la lumiere,

Du trône à mon courage entr'ouvraient la barriere,
Quand la main de nos Dieux la ferma sous mes pas.
Je sais que j'eus les vœux du peuple & des soldats;
Mais la voix de ces Dieux, ou plutôt de nos prêtres,
M'a dépouillé quinze ans du rang de mes ancêtres.
Il fallut succomber aux superstitions, (*)
Qui sont bien plus que nous les rois des nations;
Et le zele aveuglé d'un peuple fanatique
Fut plus fort que mon bras & que ma politique.

EUPHORBE.

En faveur de vos droits ce peuple enfin s'unit:
Du trône devant vous le chemin s'applanit.
Argos, par votre main fait à la servitude,
Long-temps de votre joug prit l'heureuse habitude.
Nos chefs seront pour vous.

HERMOGIDE.

Je compte sur leur foi,

(*) Tel est l'esprit du peuple endormi dans l'erreur:
Un prodige apparent, un pontife en fureur,
Un oracle, une tombe, une voix fanatique
Sont plus forts que mon bras & que ma politique:
Il fallut obéir aux superstitions,
Qui sont bien plus que nous les rois des nations,
Et, loin de les braver, *qui même* avec adresse
De ce peuple aveuglé caressa la faiblesse.

Tant que leur intérêt les peut joindre avec moi.
L'un d'eux, je l'avouerai, me trouble & m'importune:
Son deſtin qui s'éleve étonne ma fortune:
Je le crains malgré moi.

EUPHORBE.

Quoi, le jeune Alcméon,
Ce ſoldat qui vous doit ſa grandeur & ſon nom?

HERMOGIDE.

Oui: ce fils de Théandre, & qui fut mon ouvrage;
Qui, ſous moi, de la guerre a fait l'apprentiſſage;
Maître de trop de cœurs à mon char arrachés,
Au bonheur qui le ſuit les a tous attachés.
Par ſes heureux exploits ma grandeur eſt ternie;
Son aſcendant vainqueur impoſe à mon génie:
Son ſeul aſpect ici commence à m'alarmer:
Je le hais d'autant plus qu'il ſait ſe faire aimer:
Que, des peuples ſéduits, l'eſtime eſt ſon partage:
Sa gloire m'avilit & ſa vertu m'outrage.
Je ne ſais, mais le nom de ce fier citoyen,
Tout obſcur qu'il eſt, ſemble égaler le mien:
Et moi, près de ce trône où je dois ſeul prétendre,
J'ai laſſé ma fortune à force de l'attendre.
Mon crédit, mon pouvoir adorés ſi long-temps,

N'est qu'un colosse énorme ébranlé par les ans,
Qui penche vers sa chûte; & dont le poids immense
Veut, pour se soutenir, la suprême puissance. (*)
Mais du moins en tombant je saurai me venger.

EUPHORBE.

Eh, que prétendez-vous?

HERMOGIDE.

Ne plus rien ménager:
Déchirer, s'il le faut, le voile heureux & sombre
Qui couvrit jusqu'ici mes projets de son ombre:
Les justifier tous par un nouvel effort;

(*) Crois-tu que d'Alcméon l'orgueil présomptueux
Jusqu'à ce rang auguste osât porter ses vœux?
Penses-tu qu'il aspire à l'hymen de la reine?

EUPHORBE.

Il n'aura point sans doute une audace si vaine.
Mais, seigneur, cependant.... savez-vous qu'aujourd'hui
Ériphile en secret a vu Théandre & lui?
Qu'elle les a quittés les yeux baignés de larmes?

HERMOGIDE.

Tout m'est suspect de lui; tout me remplit d'alarmes:
Ce seul moment encore il faut la ménager:
Dans un moment je regne, & je vais me venger;
Tout va sentir ici mon pouvoir & ma haine;
Je saurai.... Mais on entre, & j'apperçois la reine.

Par un triomphe illustre, ou la plus belle mort;
Et, dans le désespoir où je vois qu'on m'entraîne,
Ma fureur.... Mais on entre, & j'apperçois la reine.

SCENE II.

ÉRIPHILE, ALCMÉON, HERMOGIDE, POLÉMON, EUPHORBE, Chœur des Argiens.

POLÊMON.

Oui; ce peuple, madame, & les chefs & les rois
Sont prêts à confirmer, à chérir votre choix;
Et je viens en leur nom, présenter leur hommage
A votre heureux époux, leur maître & votre ouvrage.
Ce jour va, de la Grece, assurer le repos.

ÉRIPHILE.

Vous, chefs qui m'écoutez; & vous, peuples d'Argos,
Qui venez en ces lieux reconnaître l'empire
Du nouveau souverain que ma main doit élire,
Je n'ai point à choisir, je n'ai plus qu'à quitter

Un sceptre que mes mains n'auraient pas dû porter.
Votre maître est vivant ; mon fils respire encore.
Ce fils infortuné, qu'à sa premiere aurore,
Par un trépas soudain, vous crûtes enlevé,
Par l'esclave Corebe en secret élevé,
Fut porté, fut nourri dans l'enceinte sacrée,
Dont le ciel à mon sexe a défendu l'entrée ;
Dans ces terribles lieux qu'ont souvent habité
Ces Dieux vengeurs, ces Dieux dont je tiens la clarté.
C'est-là qu'avec Corebe enfermé dès l'enfance,
Mon fils, de son destin, n'eut jamais connaissance.
Mon amour maternel, timide & curieux,
A cent fois sur sa vie interrogé les Dieux :
Ou leur voix m'a trompée, ou le prince respire.
Je remets dans ses mains mes jours & mon empire.
Je sais trop que le Dieu, maître éternel des Dieux,
Jupiter, dont l'oracle est présent en ces lieux,
Me prédit, m'assura que ce fils sanguinaire
Porterait le poignard dans le sein de sa mere.
Puisse aujourd'hui, grand Dieu ! l'effort que je me fais !
Vaincre l'affreux destin qui l'entraîne aux forfaits !
Oui, peuple, je le veux ; oui, le roi va paraître :

Je

Je vais, à le montrer, obliger le Grand-Prêtre ;
Ce ſecret au grand jour va briller aujourd'hui :
J'ai fait chercher ce prince & Corebe avec lui.
Dans l'état où je ſuis il n'eſt rien que je craigne :
Qu'on me rende mon fils ; qu'il m'immole ; qu'il regne.

HERMOGIDE.

Peuple, chefs, il faut donc m'expliquer à mon tour ;
L'affreuſe vérité va donc paraître au jour.
Ce fils qu'on redemande afin de mieux m'exclure,
Cet enfant dangereux, l'horreur de la nature,
Né pour le parricide, & dont la cruauté
Devait verſer le ſang du ſein qui l'a porté,
Ce fils n'eſt plus : les Dieux ont prévenu ſon crime.

ÉRIPHILE.

O ciel !

HERMOGIDE.

En ces lieux même on frappa la victime :
Et Corebe & le prince ont ici leur tombeau ! (*)

(*) Il fallait étouffer ce monſtre en ſon berceau : (†)
Celui qui l'élevait le ſuivit au tombeau :
Dans leurs flancs malheureux je plongeai ce fer même

Il fallut étouffer ce monstre en son berceau :
A la reine, à l'état son sang fut nécessaire :
Les Dieux le demandaient ; je servis leur colere ;
(*au peuple.*)
Et, si ce sang coupable a coulé sous mes coups, (**)

Qu'Amphiarus reçut avec le diadême.
La reine qui m'entend, & que je vois frémir,
Ne doit qu'à moi le jour qu'un fils dût lui ravir.
Mais, après cet aveu nécessaire & funeste,
Il faut, de mon secret, vous déclarer le reste.
Ce trône étoit à moi : ce rang des demi-Dieux,
Défendu par mon bras, fondé par mes aïeux,
Cent fois teint de mon sang, n'attend que moi pour maître :
Issu du sang des rois, je vais périr ou l'être.
Amis, suivez mes pas. J'attendrai mon destin,
Le diadême au front, & le fer à la main.

Autre leçon.

(†) Et le prince & Corebe ont ici leur tombeau :
J'étouffai malgré moi ce monstre en son berceau ;
J'enfonçai dans ses flancs cette royale épée
Par son pere autrefois sur moi-même usurpée ;
Et, soit décret des Dieux, soit pitié, soit horreur,
Je ne pus de son sein tirer le fer vengeur.
Sa dépouille sanglante, en mes mains demeurée,
De cette mort si juste est la preuve assurée.
La reine, qui m'entend, & que je vois frémir,
Me doit au moins le jour qu'un fils dût lui ravir.

(**) Et vous, si vous osez douter de son destin,

J'ai prodigué le mien pour la Grece & pour vous :
Argos m'en doit le prix : & , puisqu'il veut un
maître ,
Seul descendant des rois , je vais périr ou l'être.
Je vous ai tous servis : ce rang des demi-Dieux ,
Défendu par mon bras , fondé par mes aïeux ,
Cent fois teint de mon sang , doit être mon partage :
Je l'attendrai de vous , de moi , de mon courage ,
De ces Dieux dont je sors & qui seront pour moi.
Amis , suivez mes pas , & servez votre roi.

SCENE III.

ÉRIPHILE , POLÉMON , ALCMÉON , Chœur.

ÉRIPHILE.

OU suis-je ? De quels traits le crüel m'a frappée !
Mon fils ne serait plus ! Dieux , vous m'auriez
trompée !

Sachez que sa dépouille est encore en ma main.
J'atteste mes aïeux , & le jour qui m'éclaire ,
Que j'immolai le fils pour conserver la mere.

(*à Polémon.*)

Et vous, que j'ai chargé de rechercher son sort?..

POLÉMON.

On l'ignore en ce temple ; & sans doute il est mort.

ALCMÉON.

Reine, c'est trop souffrir qu'un monstre vous outrage:
Confondez son orgueil, & punissez sa rage ;
Tous vos guerriers sont prêts ; permettez que mon bras....

ÉRIPHILE.

Es-tu lasse, fortune ; est-ce assez d'attentats!
Chere ombre de mon fils... & toi cendre sacrée,
Cendre de mon époux, de vengeance altérée,
Mânes sanglans, faut-il que votre meurtrier
Regne sur votre tombe, & soit votre héritier!
Le temps, le péril presse : il faut donner l'empire.
Un Dieu, dans ce moment, un Dieu parle & m'inspire :
Je cede. Je ne puis, dans ce jour de terreur,
Résister à la voix qui s'explique à mon cœur :
C'est vous, maître des rois & de la destinée,
C'est vous qui me forcez à ce grand hyménée....
Alcméon, de ces Dieux secondez le courroux....
Seigneur..... vengez mon fils, & le trône est à vous.

ALCMÉON.

Grande reine, eſt-ce à moi que cet honneur inſigne? ..

ÉRIPHILE.

Ah! quel roi dans la Grece en ſerait auſſi digne!
Ils n'ont que des aïeux; vous avez des vertus: (*)
Ils ſont rois; mais c'eſt vous qui les avez vaincus.
C'eſt vous que le ciel nomme, & vous m'allez défendre:
C'eſt vous qui, de mon fils, allez venger la cendre.
Peuple, voilà le roi ſi long-temps attendu;
Qui ſeul vous défendit; qui ſeul vous était dû:
Ce vainqueur de deux rois, prédit par les Dieux même:
Qu'il ſoit digne à jamais de ce ſaint diadême:
Que je retrouve en lui les Dieux qu'on m'a ravis;
Votre appui; votre roi; mon époux & mon fils

(*) Et, près de vous, enfin que ſont-ils à mes yeux?
Vous avez des vertus; ils n'ont que des aïeux.
J'ai beſoin d'un vengeur, & non pas d'un vain titre:
Régnez; de mon deſtin ſoyez l'heureux arbitre.

SCENE IV.

ÉRIPHILE, ALCMÉON, POLÉMON, THÉANDRE, Chœur.

THÉANDRE.

Que faites-vous, madame; & qu'allez-vous résoudre?
Le jour fuit, le ciel gronde: entendez-vous la foudre?
De la tombe du roi le pontife a tiré (*)
Un fer que sur l'autel ses mains ont consacré.
Sur l'autel à l'instant ont paru les furies:
Les flambeaux de l'hymen sont dans leurs mains impies.
Tout le peuple tremblant, dans la cendre couché,
Baisse un front immobile à la terre attaché.

(*) Le temple en a tremblé; l'autel en est détruit.
Amphiarus parait: de l'éternelle nuit
Il vient couvert de sang; il conduit les furies.

ÉRIPHILE.

Jusqu'où veux-tu pousser ta fureur vengeresse,
O ciel! peuples, rentrez. Théandre, qu'on me laisse.
Quel juste effroi saisit mes esprits égarés!
Quel jour pour un hymen!

SCENE V.

ÉRIPHILE, ALCMÉON.

ÉRIPHILE.

AH! seigneur, demeurez!
Eh quoi, je vois les Dieux, les enfers, & la terre
S'élever tous ensemble, & m'apporter la guerre!
Mes ennemis, les morts, contre moi déchaînés,
Tout l'univers m'outrage, & vous m'abandonnez!

ALCMÉON.

Je vais périr pour vous; ou punir Hermogide:
Vous servir, vous venger, vous sauver d'un perfide.

ÉRIPHILE.

Je vous faisais son roi; mais hélas... mais, seigneur...

Arrêtez; connaissez mon trouble & ma douleur :(*)
L'effroi, la mort, le sang; le crime m'environne :
J'ai cru les écarter en vous plaçant au trône :
J'ai cru même appaiser ces mânes en courroux ;
Ces mânes soulevés de mon premier époux.
Hélas ! combien de fois, de mes douleurs pressée,
Quand le sort de mon fils accablait ma pensée,
Et qu'un léger sommeil venait enfin couvrir
Mes yeux trempés de pleurs & lassés de s'ouvrir,
Combien de fois les Dieux ont semblé me prescrire
De vous donner ma main, mon cœur & mon empire !
Mais, dans ce même instant par eux déterminé,
Où vous montez au trône à mon fils destiné,
Le ciel & les enfers alarment mon courage :
Je vois les Dieux armés condamner leur ouvrage :
Et vous seul m'inspirez plus d'horreur & d'effroi
Que le ciel & les morts irrités contre moi.
Je tremble en vous donnant ce sacré diadême :
Ma bouche, en frémissant, prononce je vous aime :
D'un pouvoir inconnu l'invincible ascendant
M'entraine ici vers vous, m'en repousse à l'instant ;

(*) Voyez mon désespoir, & connaissez mon cœur.

Et, par un sentiment que je ne puis comprendre,
Mêle une horreur affreuse à l'amour le plus tendre.

ALCMÉON.

Quels momens ! quel mélange, ô Dieux qui m'écoutez,
D'étonnement, de trouble, & de félicités !
L'orgueil de vous aimer, le bonheur de vous plaire,
Vos terreurs, vos bontés, la céleste colere,
Tant de biens, tant de maux, me pressent à la fois,
Que mes sens accablés succombent sous leur poids.
Quoiqu'ébloui du rang que vos bontés m'apprêtent,
C'est sur vos seuls dangers que mes regards s'arrêtent.
C'est pour vous délivrer de ce péril nouveau,
Que votre époux lui-même a quitté son tombeau.
Vous avez, d'un barbare, entendu la menace :
Où ne peut point aller sa criminelle audace !
Souffrez qu'au palais même assemblant vos soldats,
J'assure au moins vos jours contre ses attentats :
Que, du peuple étonné, j'appaise les alarmes :
Que, prêts au moindre bruit, mes amis soient en armes ;
C'est en vous défendant que je dois mériter
Le trône où votre choix m'ordonne de monter.

ÉRIPHILE.

Allez. Je vais au temple, où d'autres sacrifices
Pourront rendre les Dieux à nos vœux plus propices:
Ils ne recevront point d'un regard de courroux
Un encens que mes mains n'offriront que pour vous.

Fin du troisieme Acte.

ACTE IV.

SCENE PREMIERE.

ALCMÉON, THÉANDRE.

ALCMÉON.

Tout est en sûreté ; le palais est tranquille ;
Et je réponds du peuple, & sur-tout d'Ériphile.

THÉANDRE.

Pensez plus au péril dont vous êtes pressé :
Il est rival & prince, & de plus offensé ;
Il songe à la vengeance ; il la jure ; il l'apprête.
J'entends gronder l'orage autour de votre tête.
Son rang lui donne ici des soutiens trop puissans ;
Et ses heureux forfaits lui font des partisans.
Cette foule d'amis, qu'à force d'injustices.....

ALCMÉON.

Lui des amis, Théandre! Il n'a que des complices,
Plus prêts à le trahir que prompts à le venger:
Des cœurs nés pour le crime & non pour le danger.
Je compte sur les miens: la guerre & la victoire
Nous ont long-temps unis par les nœuds de la gloire:
Avant que tant d'honneurs sur ma tête amassés
Traînassent après moi des cœurs intéressés:
Ils sont tous éprouvés, vaillans, incorruptibles!
La vertu qui nous joint nous rend tous invincibles!
Leurs bras victorieux m'aideront à monter
A ce rang qu'avec eux j'appris à mériter.
Mon courage a franchi cet intervalle immense
Que met, du trône à moi, mon indigne naissance.
L'hymen va me payer du prix de ma valeur:
Je ne vois qu'Ériphile, un sceptre, & mon bonheur.

THÉANDRE.

Mais ne craignez-vous point ces prodiges funestes,
Qu'étalent à vos yeux les vengeances célestes?
Ces tremblemens soudains, ces spectres menaçans,
Ces morts, dont le retour est l'effroi des vivans?
D'une timide main ces victimes frappées
Au fer qui les poursuit dans le temple échappées?

Ce ſilence des Dieux, garant de leur courroux?
Tout me fait craindre ici : tout m'afflige pour vous.
Du ciel qui nous pourſuit la vengeance obſtinée
Semble ſe déclarer contre votre hyménée.

ALCMÉON.

Mon cœur fut toujours pur, il honora les Dieux :
J'eſpere en leur juſtice ; & je ne crains rien d'eux.
De quel indigne effroi ton ame eſt-elle atteinte !
Ah ! les cœurs vertueux ſont-ils nés pour la crainte !
Mon orgueilleux rival ne ſaurait me troubler :
Tout chargé de forfaits, c'eſt à lui de trembler.
C'eſt ſur ſes attentats que mon eſpoir ſe fonde ;
C'eſt lui qu'un Dieu menace : &, ſi la foudre gronde,
La foudre me raſſure ; & le ciel que tu crains,
Pour le mieux écraſer, la mettra dans mes mains.

THÉANDRE.

Le ciel n'a pas toujours puni les plus grands crimes,
Et frappe quelquefois d'innocentes victimes.
Amphiarus fut juſte ; & vous ne ſavez pas
Par quelles mains le ciel a permis ſon trépas.

ALCMÉON.

Hermogide ? . . .

THÉANDRE.

Souffrez que, laiſſant la contrainte,

Seigneur, un vieux soldat vous parle ici sans feinte.

ALCMÉON.

Tu sais combien mon cœur chérit la vérité.

THÉANDRE.

Je connais, de ce cœur, toute la pureté.
Des héros de la Grece imitateur fidele,
Vous jurez aux forfaits une guerre éternelle;
Vous vous croyez, seigneur, armé pour les venger:
Gardez de les défendre & de les protéger.

ALCMÉON.

Comment, que dites-vous!

THÉANDRE.

Vous êtes jeune encore,
A peine aviez-vous vu votre premiere aurore,
Quand le roi malheureux descendit chez les morts:
Peut-être ignorez-vous ce qu'on disait alors,
Et de la cour du roi quel fut l'affreux langage?

ALCMÉON.

Eh bien?

THÉANDRE.

Je vais vous faire un trop sensible outrage;
Mais je vous trahirais à le dissimuler:
Je vous tiens lieu de pere; & je dois vous parler.

ALCMÉON.

Eh bien, que disait-on? Acheve.

THÉANDRE.

Que la reine
Avait lié son cœur d'une barbare chaine :
Qu'au coupable Hermogide elle promit sa main :
Et jusqu'à son époux conduisit l'assassin.

ALCMÉON.

Rends grace à l'amitié qui, pour toi, m'intéresse:
Si tout autre que toi soupçonnait la princesse;
Si quelque audacieux avait pu l'offenser....
Mais que dis-je ! Toi même as-tu pu le penser ?
Peux-tu me présenter ce poison que l'envie
Répand aveuglément sur la plus belle vie ?
J'ai peu connu la cour ; mais la crédulité
Aiguise ici les traits de la malignité.
Les oisifs courtisans, que les chagrins dévorent,
S'efforcent d'obscurcir les astres qu'ils adorent.
Là, si vous en croyez leur coup d'œil pénétrant,
Tout ministre est un traitre ; & tout prince un tyran :
L'hymen n'est entouré que de feux adulteres ;
Le frere, à ses rivaux, est vendu par ses freres ;
Et, si-tôt qu'un grand roi penche sur son déclin,
Ou son fils ou sa femme ont hâté son destin.

Je hais, de ces ſoupçons, la barbare impudence:
Je crois que, ſur la terre, il eſt quelque innocence;
Et mon cœur, repouſſant ces ſentimens cruels,
Aime à juger par lui du reſte des mortels.
Qui croit toujours le crime, en paraît trop capable.
A mes yeux, comme aux leurs, Hermogide eſt coupable:
Lui ſeul a pu commettre un meurtre ſi fatal:
Lui ſeul eſt parricide.

THÉANDRE.

Il eſt votre rival;
Vous écoutez, ſur lui, vos ſoupçons légitimes:
Vous trouvez du plaiſir à déteſter ſes crimes;
Mais un objet plus cher....

ALCMÉON.

Ah! ne l'outrage plus;
Et garde le ſilence, ou vante ſes vertus!

SCENE II.

ÉRIPHILE, Suite, ALCMÉON, THÉANDRE, ZÉLONIDE.

ÉRIPHILE.

Roi d'Argos, paraissez; & portez la couronne:
Vos mains l'ont défendue; & mon cœur vous la donne.
Je ne balance plus; je mets sous votre loi
L'empire d'Inachus; & vos rivaux; & moi.
J'ai fléchi, de nos Dieux, les redoutables haines.
Leurs vertus sont en vous; leur sang coule en mes veines:
Et jamais sur la terre on n'a formé des nœuds
Plus chers aux immortels, & plus dignes des cieux.

ALCMÉON.

Ils lisent dans mon cœur; ils savent que l'empire
Est le moindre des biens où mon courage aspire.
Puisse tomber sur moi leurs plus funestes traits,
Si ce cœur infidele oubliait vos bienfaits!

Ce peuple qui m'entend, & qui m'appelle au temple,
Me verra commander pour lui donner l'exemple;
Et, déja par mes mains instruit à vous servir,
N'apprendra de son roi qu'à vous mieux obéir.

ÉRIPHILE.

Enfin la douce paix vient rassurer mon ame:
Dieux, vous favorisez une si pure flamme:
Vous ne rejettez point mon encens & mes vœux!
Suivez mes pas, entrons.

(*Le temple s'ouvre; l'ombre d'Amphiarus paraît dans une posture menaçante.*)

L'OMBRE D'AMPHIARUS.

Arrête, malheureux.

ÉRIPHILE.

Amphiarus! O ciel, où suis-je!

ALCMÉON.

Ombre fatale
Quel Dieu te fait sortir de la nuit infernale?
Quel est le sang qui coule, & quel es-tu? (*).

(*) Que viens-tu m'annoncer? Quels traits affreux de sang
Dégouttent sur le marbre, & coulent de ton flanc!
Romps le silence, ô mort ou propice ou funeste!
Apportes-tu la haine ou la faveur céleste?
Explique-toi: ce cœur qui ne sait point trembler.

L'OMBRE.

Ton roi.

Si tu prétends régner, arrête, obéis-moi.

ALCMÉON.

Eh bien, mon bras est prêt; parle, que faut-il faire?

L'OMBRE.

Me venger sur ma tombe.

ALCMÉON.

Eh, de qui?

L'OMBRE.

(*Le temple se referme.*) De ta mere.

ALCMÉON.

Ma mere! Que dis-tu! Quel oracle confus!...
Mais l'enfer le dérobe à mes yeux éperdus;
Les Dieux ferment leur temple.

THÉANDRE.

O prodige effroyable!

Mérite que, du moins, tu daignes lui parler.

ÉRIPHILE.

Quel regard formidable, & quel courroux l'anime!
Ciel, faut-il tant de fois me punir de mon crime!
Misérable! (*Elle se laisse tomber sur sa confidente.*)

ALCMÉON.

Ombre affreuse, eh, quelle es-tu?

ALCMÉON.

O d'un pouvoir funeste oracle impénétrable !

ÉRIPHILE.

A peine ai-je repris l'usage de mes sens....
Quel ordre a prononcé ces horribles accens ?
De qui demande-t-il le sanglant sacrifice ?

ALCMÉON.

Ciel ! peux-tu demander que ma mere périsse !
Madame, le destin qui m'a trahi toujours
M'ôta dès mon berceau les auteurs de mes jours.
Théandre jusqu'ici m'a tenu lieu de pere :
Je ne suis point son fils ; & je n'ai plus de mere.

ÉRIPHILE.

Que prétendez-vous donc, mânes trop irrités ?

ALCMÉON.

Je commence à percer dans ces obscurités :
Je commence à sentir que les destins sont justes :
Que je n'étais point né pour ces grandeurs augustes :
J'eusse été trop heureux. Mais ces mânes jaloux,
Du sein de ces tombeaux, s'élevent contre nous :
Préviennent votre honte ; & rompent l'hyménée
Dont s'offensaient les Dieux de qui vous êtes née.

ÉRIPHILE.

Ah ! que me dites-vous ! hélas !

ALCMÉON.

Souffrez du moins
Que je puiſſe un moment vous parler ſans témoins.
Pour la derniere fois vous m'entendez peut-être !
Je vous avais trompée, & vous m'allez connaître.

ÉRIPHILE.

Sortez.... De toutes parts ai-je donc à trembler !

(*Théandre & la ſuite ſortent.*)

ALCMÉON.

Il n'eſt plus de ſecrets que je doive celer.
Connu par ma fortune & par ma ſeule audace,
Je cachais aux humains le malheur de ma race ;
Mais je ne me repens, au point où je me voi,
Que de m'être abaiſſé juſqu'à rougir de moi :
Voilà ma ſeule tache & ma ſeule faibleſſe.
J'ai craint tant de rivaux dont la maligne adreſſe
A, d'un regard jaloux, ſans ceſſe examiné,
Non pas ce que je ſuis, mais de qui je ſuis né :
Et qui, de mes exploits rabaiſſant tout le luſtre,
Penſaient ternir mon nom quand je le rends illuſtre :
J'ai cru que ce vil ſang dans mes veines tranſmis,
Plus pur par mes travaux, était d'aſſez grand prix ;
Et que, lui préparant une plus digne courſe,
En le verſant pour vous, j'ennobliſſais la ſource.

Je fis plus : jusqu'à vous on me vit aspirer :
Et, rival de vingt rois, j'osais vous adorer.
Ce ciel enfin, ce ciel m'apprend à me connaître :
Il veut confondre en moi le sang qui m'a fait naître :
La mort entre nous deux vient d'ouvrir ses tombeaux :
Et l'enfer contre moi s'unit à mes rivaux :
Sous les obscurités d'un oracle sévere,
Les Dieux m'ont reproché jusqu'au sang de ma mere.
Madame, il faut céder à leurs cruelles loix :
Alcméon n'est pas fait pour succéder aux rois.
Victime d'un destin que même encor je brave,
Je ne m'en cache plus, je suis fils d'un esclave.

ÉRIPHILE.

Vous, seigneur !

ALCMÉON.

Oui, madame ; & dans un rang si bas
Souvenez-vous (*) qu'enfin je ne m'en cachai pas :
Que j'eus l'ame assez forte, assez inébranlable
Pour faire devant vous l'aveu qui vous accable :
Que ce sang dont les Dieux ont voulu me former,

(*) du moins que je n'en rougis pas.

Me fit un cœur trop haut pour ne vous point aimer.

ÉRIPHILE.

Un esclave!

ALCMÉON.

Une loi fatale à ma naissance,
Des plus vils citoyens, m'interdit l'alliance:
J'aspirai jusqu'à vous dans mon indigne sort:
J'ai trompé vos bontés; (‡) j'ai mérité la mort:
Mais, du rang que je perds & du cœur que j'adore,
Songez que mon rival est plus indigne encore:
Plus haï de nos Dieux; & qu'avec plus d'horreur
Amphiarus en lui verrait son successeur.
Madame, à mon aveu vous tremblez de répondre!

ÉRIPHILE.

Quel soupçon, quelle horreur vient ici me confondre!
Un esclave!... son âge.... & ses augustes traits.....
Hélas! appaisez-vous, Dieux, vengeurs des forfaits!
O criminelle épouse; & plus coupable mere!
Alcméon, dans quel temps a péri votre pere?
Quel fut son nom? Parlez.

(‡) & suis digne de mort.

ALCMÉON.

J'ignore encor le nom
Qui ferait votre honte & ma confusion.

ÉRIPHILE.

Mais comment mourut-il? Où perdit-il la vie?
En quel temps?

ALCMÉON.

C'est ici qu'elle lui fut ravie,
Après qu'aux champs Thébains le céleste courroux
Eut permis le trépas du prince votre époux.

ÉRIPHILE.

O crime!

ALCMÉON.

Hélas! ce fut dans ma plus tendre enfance
Qu'on m'enleva, dit-on, l'auteur de ma naissance,
Au pied de ce palais de tant de demi-Dieux,
D'où, jusques sur son fils, vous abaissiez les yeux.
Là, près du corps sanglant de mon malheureux pere,
Je fus laissé mourant dans la foule vulgaire
De ces vils citoyens, triste rebut du sort,
Oubliés dans leur vie, inconnus dans leur mort.
Un prêtre de ces lieux, sauva mes destinées:
Il renoua le fil de mes faibles années:

Théandre m'éleva .... le reste vous est dû:
Vous fites mes grandeurs, & l'orgueil m'a perdu.

ÉRIPHILE.

M'alarmerais-je en vain!...Mais cet oracle horrible, (*)
Le lieu, le temps, l'esclave...O ciel, est-il possible!
Qu'on cherche le Grand-Prêtre... Hélas déja les Dieux,
Soit pitié, soit courroux, l'amenent à mes yeux.

SCENE III.

ÉRIPHILE, ALCMÉON, LE GRAND-PRÊTRE *une épée à la main.*

LE GRAND-PRÊTRE.

L'Heure vient; armez-vous; recevez cette épée: (†)
Jadis dans votre sein un traître l'a trempée:

(*) C'est trop m'inquiéter; non, il n'est pas possible!
Quel trouble cependant, & quel moment terrible!
ou { Quoi, ce fut ici même! Ah, quel moment terrible!
(Le lieu, le temps, l'oracle...O Ciel, est-il possible!

(†) Quoi, le vainqueur d'Argos en ce temple s'arrête?

Allez, vengez Argos, Amphiarus & vous.

ÉRIPHILE.

Que vois-je ! c'est le fer que portait mon époux ;
Ce fer sacré des rois, que ravit Hermogide :
Tout me retrace ici le crime & l'homicide.
La force m'abandonne à cet objet affreux.
Parle, qui t'a remis ce dépôt malheureux ?
Quel Dieu te l'a donné ? (*)

LE GRAND-PRÊTRE.

Le Dieu de la vengeance ;
Voici ce même fer qui frappa votre enfance :
Qu'un cruel, malgré lui ministre du destin, (†)
Troublé par ses forfaits, laissa dans votre sein.
Le Dieu qui dans son crime épouvante l'impie,
Qui fit trembler son bras, qui sauva votre vie,
Qui commande au trépas ouvre & ferme le flanc,
Venge un meurtre par l'autre, & le sang par le sang,

Armez-vous ; l'heure vient ; la vengeance s'apprête.

(*) Le Dieu dont l'œil perçant s'ouvre sur cet empire ;
Qui vous sauva par moi, qui vous parle & m'inspire.

(†) Ce fer, qui du roi même a tranché le destin ;
Ce fer, que j'ai tiré fumant de votre sein.

M'ordonna de garder ce fer toujours funeste,
Jusqu'à l'instant marqué par le courroux céleste.
La voix, l'affreuse voix qui vient de vous parler,
Me conduit devant vous ; pour vous, me fait trembler.

ÉRIPHILE.

Acheve, romps le voile, éclaircis le mystere.
Son pere, cet esclave ?...

LE GRAND-PRÊTRE.

Il n'était point son pere:
Un sang plus noble crie.

ÉRIPHILE.

Ah, seigneur ! Ah, mon roi !
Fils d'un héros !

ALCMÉON.

Quels noms vous prodiguez pour moi !

ÉRIPHILE (*se jettant dans les bras de Zélonide.*)

Je ne puis achever ..... je me meurs, Zélonide !

LE GRAND-PRÊTRE *à Alcméon.*

Je laisse entre vos mains ce glaive parricide :
C'est un don dangereux. Puisse-t-il désormais
Ne point servir, grands Dieux, à de plus grands forfaits !

SCENE IV.

ÉRIPHILE, ALCMÉON.

ÉRIPHILE.

EH bien, ne tarde plus; remplis ta destinée;
Porte le fer sanglant sur cette infortunée:
Étouffe dans mon sang cet amour malheureux
Que dictoit la nature en nous trompant tous deux:
Punis ma cruauté; venge la mort d'un pere:
Reconnais-moi, mon fils; frappe, & punis ta mere.

ALCMÉON.

Moi, votre fils, grands Dieux!

ÉRIPHILE.

C'est toi dont au berceau
Mon indigne faiblesse a creusé le tombeau:
Toi, le fils vertueux d'une mere homicide:
Toi, dont Amphiarus demande un parricide:
Toi, mon sang, toi, mon fils, que le sort en courroux,
Sans ce prodige horrible, aurait fait mon époux.

ALCMÉON.

De quel coup ma raison vient d'être confondue !
Dieux, sur elle & sur moi puis-je arrêter la vue !
Je ne sais où je suis ! Dieux, qui m'avez sauvé,
Reprenez tout le sang par vos mains conservé !
Est-il bien vrai, madame ? On a tué mon pere ;
Il veut votre supplice ; & vous êtes ma mere !

ÉRIPHILE.

Oui. Je fus sans pitié : sois barbare à ton tour ;
Et montre toi mon fils, en m'arrachant le jour.
Frappe... Mais quoi, tes pleurs se mêlent à mes larmes !
O mon cher fils !... O jour plein d'horreurs & de charmes !
Avant de me donner la mort que tu me dois,
De la nature encor laisse parler la voix :
Souffre au moins que les pleurs de ta coupable mere
Arrosent une main si fatale & si chere.

ALCMÉON.

Cruel Amphiarus ! Abominable loi !
La nature me parle, & l'emporte sur toi.
O ma mere !

ÉRIPHILE *l'embrassant.*

Mon fils, que le ciel me renvoie !

Je ne méritais pas une si pure joie.
J'oublie & mes malheurs & jusqu'à nos forfaits ;
Ceux qu'un Dieu te commande ; & tous ceux que
j'ai faits.

SCENE V.

ÉRIPHILE, ALCMÉON, ZÉLONIDE, THÉANDRE.

THÉANDRE.

Seigneur, en ce moment, l'insolent Hermogide,
Suivi jusqu'en ces lieux d'une troupe perfide,
La flamme dans les mains, assiege ce palais.
Déja tout est armé : déja volent les traits.
Nos gardes rassemblés, courent pour vous défendre.
Le sang de tous côtés commence à se répandre.
Le peuple épouvanté, qui s'empresse & qui fuit,
Ne sait si l'on vous sert ou si l'on vous trahit.

ALCMÉON.

O ciel, voilà le sang que ta voix me demande !
La mort de ce barbare est ma plus digne offrande.
Reine, dans ces horreurs cessez de vous plonger :
Je suis l'ordre des Dieux, mais c'est pour vous
venger.

Fin du quatrieme Acte.

ACTE V.

SCENE PREMIERE.

ALCMÉON, THÉANDRE, POLÉMON, Soldats.

ALCMÉON.

Vous trahirai-je en tout, ô cendres de mon pere!
Quoi, ce fier Hermogide a trompé ma colere!
Quoi, la nuit nous sépare! & ce monstre odieux
Partage encor l'armée & le peuple & les Dieux!
Retranché dans ce temple, aux autels qu'il profane,
Tranquille, il y jouit du ciel qui le condamne!
Allez.

POLÉMON.

Eh, qu'avez-vous, seigneur, à ménager! (*)

(*) Achevez sa défaite, achevez vos projets;
Venez, forcez ce traître.

Tous les lieux ſont égaux, quand il faut ſe venger.
Vous régnez ſur Argos.

ALCMÉON.

Argos m'en eſt plus chere ;
Avec le nom de roi je prends un cœur de pere.
Me faudra-t-il verſer dans mon regne naiſſant,
Pour un ſeul ennemi, tant de ſang innocent ?
Eſt-ce à moi de donner le téméraire exemple
D'attaquer les Dieux même ; & de ſouiller leur temple ?
Ils pourſuivent déja ce cœur infortuné
Qui protege contre eux le ſang dont je ſuis né.
Va, dis-je, Polémon, va : c'eſt de ta prudence
Que ton maître & le peuple attendent leur vengeance.
Agis, parle, promets : que ſur-tout d'Alcméon
Il ne redoute point d'indigne trahiſon :

ALCMÉON.

Épargnons mes ſujets.
Dès ce moment je regne ; &, de ce moment même,
Comptable aux citoyens de mon pouvoir ſuprême,
Au péril de mon ſang, je veux les épargner :
Je veux, en les ſauvant, commencer à régner.
Je leur dois encor plus : je dois le grand exemple
De révérer les Dieux, & d'honorer leur temple.
Je ne ſouffrirai point que le ſang innocent
Souille leur ſanctuaire & mon regne naiſſant.

Fais qu'il s'éloigne au moins de ce temple funeſte ;
Rends-moi mon ennemi : mon bras fera le reſte.

(*Polémon ſort. A Théandre.*)

Et vous, de cette enceinte & de ces vaſtes tours
Avez-vous parcouru les plus ſecrets détours ?
Du palais de la reine a-t-on fermé les portes ?

THÉANDRE.

J'ai tout vu ; j'ai par-tout diſpoſé vos cohortes ;
Cependant votre mere.....

ALCMÉON.

A-t-on ſoin de ſes jours ?

THÉANDRE.

Ses femmes en tremblant lui prêtent leurs ſecours :
Elle a repris ſes ſens : ſon ame déſolée
Sur ſes levres encore à peine eſt rappellée :
Elle cherchait le jour, le revoit, & gémit ;
Elle vous craint, vous aime, elle pleure & frémit. (*)
Elle va préparer un ſecret ſacrifice
A ces mânes ſacrés armés pour ſon ſupplice.

(*) Ses yeux verſent des pleurs, & tout ſon corps frémit :
Sa voix, par ſes ſanglots, long-temps interrompue,
Nomme encore Alcméon, redemande ſa vue.
Son déſeſpoir l'égare ; elle va s'enfermer.

Suppliante & craintive, elle va s'enfermer
Au tombeau de ce roi qu'elle n'ose nommer,
De ce fatal époux, votre malheureux pere,
Hélas! dont vous savez....

ALCMÉON.

Je sais qu'elle est ma mere.

THÉANDRE.

Les Dieux veulent son sang.

ALCMÉON.

Je ne l'ai point promis.
Cruels, tonnez sur moi, si je vous obéis!
Le malheur m'environne, & le crime m'assiege:
Je deviens parricide, & me rends sacrilege.
Quel choix, & quel destin!

THÉANDRE.

Dans un tel désespoir,
Quels conseils désormais pourriez-vous recevoir!

ALCMÉON.

Aucun. Quand le malheur & la honte est extrême,
Il ne faut prendre, ami, conseil que de soi-même.
Mon pere que veux-tu!... Chere ombre appaise-toi! (*)

(*) Chere ombre appaise-toi, prends pitié de ton fils;

Le nom ſacré de fils eſt-il affreux pour moi !
Je t'entends, & ta voix m'appelle ſur ta tombe.
De tous tes ennemis y veux-tu l'hécatombe ?
Tu demandes du ſang... J'y cours... Attends ; choiſis,
Ou le ſang d'Hermogide, ou le ſang de ton fils.

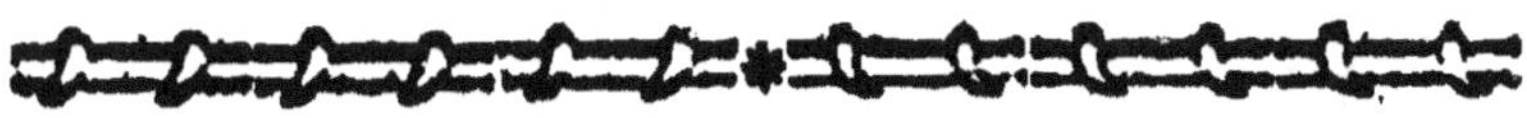

SCENE II.

ALCMÉON, THÉANDRE, POLÉMON.

ALCMÉON.

EH bien, l'as-tu revu cet ennemi farouche,
A lui parler d'accord as-tu forcé ta bouche ?
Peut-il bien ſe réſoudre à me voir en ces lieux,
Aux portes de ce temple, à l'aſpect de ces Dieux,
Dans ce parvis ſacré, trop plein de ſa furie,

Arme & ſoutiens mon bras contre tes ennemis :
Dans le ſang d'Hermogide étouffe / appaiſe ta colere ;
Ne me fais point frémir de t'avouer pour pere.
Quoi, de tous les côtés plein d'horreur & d'effroi,
Le nom ſacré de fils eſt horrible pour moi !

Dans la place où lui-même attenta sur ma vie ?
Les Dieux le livrent-ils à ma juste fureur ?
Sait-il ce qui se passe ?

POLÉMON.

Il l'ignore, seigneur.
Il ne soupçonne point quel sang vous a fait naître.
Il méprise son prince, & méconnait son maître :
Furieux, implacable, à périr préparé ;
Et plus fier que le Dieu dans le temple adoré.
Mais enfin il consent de quitter cet asyle :
De vous entendre ici ; de revoir Ériphile :
Il veut qu'un nombre égal de chefs & de soldats,
Également armés, suive de loin vos pas.
Il reçoit votre foi, qu'à regret je lui porte ;
Il regle votre suite, & nomme son escorte.

ALCMÉON.

Il va paraître ?

POLÉMON.

Il vient. Mais a-t-il mérité
Que vous lui conserviez tant de fidélité ?
Doit-on rien aux méchans ? Eh, quel respect frivole
Expose votre sang !

ALCMÉON.

J'ai donné ma parole.

POLÉMON.

A qui la tenez-vous, à ce perfide!

ALCMÉON.

A moi.

THÉANDRE.

Eh, que prétendez-vous?

ALCMÉON.

De me venger en roi.
Argos, à mes vertus, reconnaîtra son maître...
Mais près du temple, amis, ne vois-je pas le traître?

THÉANDRE.

Un Dieu poursuit ses pas, & le conduit ici:
Il entre en frémissant;

ALCMÉON.

Dieux vengeurs, le voici!

SCENE III.

HERMOGIDE *dans le fond*, ALCMÉON, THÉANDRE, POLÉMON.

HERMOGIDE.

D'Où vient donc qu'en ces lieux je ne vois point la reine?
Quel silence! Est-ce un piege où mon destin m'entraine?
Rien ne parait. Un lâche a-t-il surpris ma foi?
Qui, moi, craindre! Avançons.

ALCMÉON.

Demeure, & connais-moi.
Vois-tu ce fer sacré?

HERMOGIDE.

Que vois-je! le fer même
Qu'Amphiarus reçut avec son diadême!

ALCMÉON.

Te souvient-il du sang dont l'a souillé ta main?

HERMOGIDE.

Qu'oses-tu demander?

ALCMÉON.

Malheureux assassin,
Quel esclave a percé ces mains de sang fumantes?
Quel enfant innocent? Eh quoi, tu t'épouvantes!
Tu t'en vantais tantôt! Tu te tais, tu frémis!
Meurtrier de ton roi, sais-tu quel est son fils?

HERMOGIDE.

Ciel! tous les morts ici renaissent pour ma perte!
Son fils!

ALCMÉON.

De tes forfaits l'horreur est découverte.
Revois Amphiarus, vois son sang, vois ton roi.

HERMOGIDE.

Je ne vois rien ici que ton manque de foi.
Tremble, qui que tu sois; & devant que je meure...
Amis, soldats, courez.

ALCMÉON.

Non, barbare; demeure:
Connais-moi tout entier; sache au moins que mon bras
Ne sait point se venger par des assassinats.
Je dois, de tes forfaits, te punir avec gloire:

J'attends ton châtiment des mains de la victoire ;
Et le sang de tes rois, qui te parle aujourd'hui,
Ne veut qu'une vengeance aussi noble que lui.
Sans suite, ainsi que moi, viens, si tu l'oses, traître,
Chercher encor ma vie, & combattre ton maître ;
Suis mes pas.

HERMOGIDE.

Où vas-tu ?

ALCMÉON.

Sur le tombeau sacré ;
Sur la cendre du roi par tes mains massacré.
Combattant devant lui, que son ombre y décide
Du sort de son vengeur & de son homicide.
L'oses-tu ?

HERMOGIDE.

Si je l'ose ! En peux-tu bien douter ?
Et ces morts & ton bras sont-ils à redouter ?
Viens te rendre au trépas ; viens, jeune téméraire,
M'immoler ou mourir, joindre ou venger ton pere.

(*Le Grand-Prêtre entre.*)

ALCMÉON.

Qu'aucun de vous ne suive. Et vous, prêtre des Dieux,

Ne craignez rien : mon bras n'a point souillé ces lieux.
Allez aux Dieux d'Argos immoler vos victimes :
Je vais tenir leur place, en punissant les crimes.

SCENE IV.

LE GRAND-PRÊTRE, THÉANDRE, POLÉMON.

POLÉMON.

Ciel, sois pour la justice, & nos maux sont finis !

LE GRAND-PRÊTRE.

Nos maux sont à leur comble. Alecto, Némésis,
Portent vers ce tombeau leurs torches vengeresses ; (*)

(*) Du crime & du malheur messageres fatales,
Portent vers ce tombeau leurs torches infernales.
L'orgueil des scélérats ne peut les désarmer ;
Les pleurs des malheureux ne peuvent les calmer :
Il faut que le sang coule ; & leurs mains vengeresses

Pourſuivent les forfaits, & même les faibleſſes.

THÉANDRE.

Quoi ! ce vertueux prince !....

LE GRAND-PRÊTRE.

Il frappe, il eſt vainqueur....

C'en eſt aſſez : reviens de ce lieu plein d'horreur.
Amphiarus le ſuit ; il l'égare ; il l'anime ;
Il le pouſſe ; & le crime eſt puni par le crime.

POLÉMON.

C'eſt la voix de la reine !

Puniſſent les forfaits, & même les faibleſſes.

THÉANDRE.

Ciel ! d'un roi vertueux daigne guider les coups !

LE GRAND-PRÊTRE.

Le Ciel entend nos vœux, mais c'eſt dans ſon courroux.
O conſeils éternels ! O ſéveres puiſſances,
Quelles mains forcez-vous à ſervir vos vengeances !

POLÉMON.

C'eſt la voix de la reine ! Ah, quels lugubres cris !

LE GRAND-PRÊTRE.

Infortuné, quels Dieux ont troublé tes eſprits !
Que vas-tu faire ! Et toi mere trop malheureuſe,
Garde-toi d'approcher de cette tombe affreuſe :
Les morts & les vivans y ſont tes ennemis :
Reine, crains ton époux, crains encor plus ton fils !

ÉRIPHILE *derriere le théatre.*

Mon fils, épargne-moi !

THÉANDRE.

Ah ! quels lugubres cris !

LE GRAND-PRÊTRE.

Vous le voulez, destins.... il le faut... je frémis !
L'ordre est irrévocable... Ah! mere malheureuse,
La parque t'a conduite à cette tombe affreuse !
Les morts & les vivans y sont tes ennemis :
Crains ton roi, crains ton sang.

ÉRIPHILE *derriere le théatre.*

Épargne-moi, mon fils !

ALCMÉON *derriere le théatre.*

Reçois le dernier coup ; tombe à mes pieds, perfide.

THÉANDRE.

Ah ! qu'est-ce que j'entends !

LE GRAND-PRÊTRE.

La voix d'un parricide.

SCENE V.

THÉANDRE, ALCMÉON, LE GRAND-PRÊTRE, POLÉMON.

ALCMÉON.

Je viens de l'achever ; il n'est plus ; je suis roi.
Rendez tous grace aux Dieux qui combattaient pour moi ;
Ils conduisaient mes coups ; ils guidaient ma colere.
Ce bras l'a fait tomber même aux pieds de ma mere.
Il demandait la vie ; il s'est humilié ; (*)
Mais mon cœur une fois s'est trouvé sans pitié.
Ériphile est témoin de ma juste vengeance.
D'où vient qu'en ce moment elle fuit ma présence ?
Craint-elle de son fils le bras ensanglanté ;

(*) Ce monstre enfin n'est plus ; Argos en est purgé :
Les Dieux sont satisfaits ; & mon pere est vengé.
J'ai vu sur cette tombe Ériphile éperdue :
D'où vient qu'en ce moment elle évite ma vue ?

Et cet horrible arrêt que mon pere a dicté ?
Allez, courez vers elle, & calmez ses alarmes:
Dites-lui que mes mains vont essuyer ses larmes.
Mais non... je veux moi-même embrasser ses genoux :
Allons, je veux la voir.

LE GRAND-PRÊTRE.

Ah, que demandez-vous !

ALCMÉON.

Je vais mettre à ses pieds ce fer si redoutable...
Que dis-je ! Où suis-je ! Où vais-je ! & quelle horreur m'accable !
D'où vient donc que le sang qui réjaillit sur moi,
Si justement versé, m'inspire un tel effroi ?
Je n'ai point cette paix que la justice donne :
Quoi, j'ai puni le crime, & c'est moi qui frissonne !
Dieux, pour les scélérats quels sont vos châtimens,
Si les cœurs vertueux éprouvent leurs tourmens !

SCENE DERNIERE.

ÉRIPHILE, *soutenue par ses femmes*, ALCMÉON, THÉANDRE, LE GRAND-PRÊTRE, POLÉMON, Suite.

ALCMÉON *d'un air égaré.*

Ombre cruelle, eh bien! que veux-tu davantage?
Quel sang coule à mes yeux... que vois-je!

ÉRIPHILE.

Ton ouvrage:
Les oracles cruels enfin sont accomplis;
Et je meurs par tes mains, quand je retrouve un fils!
Le ciel est juste!

ALCMÉON.

Hélas parricide exécrable!
Vous; ma mere!.... Elle meurt.... & j'en serai coupable!
Moi! moi! Dieux inhumains!

ÉRIPHILE.

Je vois à ta douleur

Que les Dieux, malgré toi, conduisaient ta fureur.
La main qu'ils ont guidée a méconnu ta mere. (*)
Ta parricide main ne m'en est pas moins chere :
Ton cœur est innocent : je te pardonne... hélas !
Laisse-moi la douceur d'expirer dans tes bras !
Ferme ces tristes yeux qui s'entr'ouvrent à peine.

ALCMÉON *à ses genoux.*

J'atteste, de ces Dieux, la vengeance & la haine,
Je jure par mon crime & par votre trépas,
Que mon sang devant vous....

ÉRIPHILE.

Mon fils, n'acheve pas.
Indigne que je suis du sacré nom de mere,
J'ose encor te dicter ma volonté derniere :
Il faut vivre & régner. Le fils d'Amphiarus
Doit réparer ma vie à force de vertus.
Un moment de faiblesse, & même involontaire,
A fait mes attentats, a fait périr ton pere.
Souviens-toi des remords qui troublaient mes esprits ;

(*) Du crime de ton bras ton cœur n'est point complice ;
Ils égaraient tes sens, pour hâter mon suplice.
Je te pardonne tout... Je meurs contente. Hélas! &c.

Souviens-toi de ta mere...ô mon fils, mon cher fils!

(Elle l'embrasse, fait un effort pour se lever, & éleve la voix.)

C'en est fait !

(Elle meurt. Alcméon est évanoui.)

LE GRAND-PRÊTRE.

La lumiere à ses yeux est ravie.
Secourez Alcméon ; prenez soin de sa vie.
Que, de ce jour affreux, l'exemple menaçant
Rende son cœur plus juste, & son regne plus grand!

Fin du cinquieme & dernier Acte.

PIECES RELATIVES *ET ANECDOTES* SUR VOLTAIRE.

EXTRAIT du voyage, en anglois, du Docteur Moore, où il fait un tableau de la maniere dont se conduisait Voltaire à Ferney.

» LES yeux les plus perçans que j'ai vus, dit » le voyageur, sont ceux de Voltaire, qui est » actuellement dans sa quatre-vingtieme année. » Tout son extérieur annonce le génie, le ta- » lent de l'observation, & l'extrême sensibilité.

» Le matin, il a un air d'inquiétude & de » mécontentement; mais sa physionomie s'éclair- » cit peu-à-peu, & il paraît gai l'après-dînée. » Cependant, il a un air d'ironie qui ne l'aban- » donne jamais, & qu'on démêle toujours dans » ses traits, soit qu'ils soient rians ou renfrognés.

» Quand le temps est favorable, il prend l'air

» en carroſſe, avec ſa niece ou avec quelqu'un » de ſes hôtes, qui ſont toujours en aſſez grand » nombre à Ferney. Quelquefois il ſe promene » dans ſon jardin, ou, ſi le temps ne lui permet » pas de ſortir, il s'amuſe dans ſes momens » de loiſir, à jouer aux échecs avec le pere » Adam, ou à recevoir les viſites des étran» gers, qui ſe ſuccedent continuellement à Fer» ney, où ils épient le moment de le voir; » quelquefois il emploie ſon loiſir à dicter ou » à écrire des lettres; car il entretient des cor» reſpondances dans toute l'Europe, au moyen » deſquelles il eſt inſtruit d'abord de tous les » événemens remarquables & de toutes les nou» veautés littéraires. La plus grande partie de » ſon temps eſt conſacrée à l'étude, & ſoit qu'il » liſe lui-même ou qu'il ſe faſſe lire, il a tou» jours la plume à la main, pour faire des re» marques ou pour prendre note de ce qui l'in» téreſſe. Son principal amuſement eſt de com» poſer. Il n'y a point d'auteur travaillant pour » vivre, point de jeune poëte avide de ſe » faire un nom, qui tienne la plume plus aſſi» duement, où qui s'occupe davantage de faire

» parler de lui, qué le riche & célebre seigneur de Ferney.

» Il vit d'une maniere très-hospitaliere, & il » a soin d'entretenir toujours une très-bonne » table. Il a ordinairement deux ou trois per- » sonnes, qui viennent de Paris le visiter, & » qui passent avec lui un mois ou six semaines. » Quand ils s'en vont, leurs places sont aussi- » tôt remplies; de maniere qu'il y a à Ferney, » une circulation continuelle d'allans & venans. » Ces visites, avec celles de Geneve & la fa- » mille de Voltaire, forment une compagnie » de douze ou quatorze personnes, qui dînent » journellement à sa table, soit qu'il y paraisse, » ou qu'il n'y paraisse pas : car quand il est » occupé à préparer un nouvel ouvrage pour » la presse, qu'il est indisposé ou de mauvaise » humeur, il ne dîne pas avec la compagnie ; » mais il vient la visiter pendant quelques mi- » nutes avant ou après le dîner.

» Tous ceux qui ont des recommandations » de ses amis, sont sûrs d'être reçus de lui, » à moins qu'il ne soit réellement indisposé. Il » se montre souvent aux étrangers qui sont as-

» semblés presque tous les après-midi dans son
» anti-chambre, quoiqu'ils n'aient pas auprès
» de lui de recommandations particulieres. Mais
» souvent aussi ils sont obligés de s'en aller sans
» avoir satisfait leur curiosité (*). Toutes les fois
» que cela arrive, il est sûr d'être traité de
» fantasque & de bourru ; & on fait de lui mille
» mauvaises histoires, qu'on invente peut-être
» par vengeance, parce qu'il n'est pas d'humeur
» à se laisser voir comme l'ours qu'on montre le
» dimanche. Il est moins surprenant qu'ils se re-
» fuse quelquefois à l'empressement des étran-
» gers, qu'il ne l'est qu'il s'y prête si souvent.
» Ce ne peut être de sa part qu'un desir d'obli-

(*) C'est de cette maniere que Mr. *Larcher* fut accueilli à Ferney, & c'est aussi pour s'en venger qu'il publia le *Tableau Philosophique de l'esprit de Mr. de Voltaire* ; rapsodie tissue de mensonges mal-adroits, & de bévues atroces, qui me feroient rougir, si j'étais son confrere de l'Académie des Inscriptions. Cependant les *Sabotiers* & les *Frelons* ne rougirent pas de le vanter. Mais le public sage a fait justice en méprisant les *Trois siecles* d'ennui de l'un, & *l'Année Littéraire, diffuse & bavarde* de l'autre ; & fait quelque chose de plus encore du barbouillage de Mr. *Larcher*.

» ger; car Voltaire est accoutumé, depuis si long-
» temps, à inspirer l'admiration, qu'on ne peut
» pas supposer que l'hommage de quelques étran-
» gers soit capable de le flatter infiniment.

» Sa niece, Madame Denis, fait les hon-
» neurs de la table, & entretient la compagnie,
» quand son oncle ne veut ou ne peut pas
» paraître. C'est une femme d'un caractere ai-
» mable, qui inspire la gaîté à tout le monde,
» & qui est pleine de tendresse & d'attentions
» pour son oncle.

» Le matin n'est pas le temps favorable pour
» voir Voltaire. Il ne peut supporter qu'on lui
» fasse perdre ses heures de travail. Cela seul
» suffit pour le mettre de mauvaise humeur; en
» outre, il se plaint toujours le matin, soit qu'il
» souffre des infirmités de l'âge, soit qu'il ait
» quelqu'autre cause de peine. Quelle qu'en soit
» la raison, il est moins optimiste alors que le
» reste du jour.

» Ceux qui sont invités à souper, ont une
» occasion de le voir dans le point de vue le
» plus avantageux. Il s'évertue alors pour amu-
» ser la compagnie; il est aussi fertile que ja

» mais en bons-mots ; & s'il arrive à quelqu'un » des convives d'en dire un, il en eſt enchan» té, & il applaudit de tout ſon cœur. Quand » il eſt entouré de ſes amis & animé par la pré» ſence des femmes, il paraît jouir de la vie » avec toute la ſenſibilité du jeune âge. Son ge» nie ſe débarraſſe du poids de la vieilleſſe & des » infirmités, & s'épanche en plaiſanteries fines, » en obſervations ſpirituelles & en ironies déli» cates.

» Il a un grand talent pour adapter ſa con» verſation aux perſonnes qu'il entretient. La » premiere fois que le duc de H.... alla le voir, » il fit tomber la converſation ſur l'ancienne » alliance de la France & de l'Écoſſe. Il rap» pella qu'un des ancêtres du duc avait accom» pagné Marie, reine d'Écoſſe, dont il était » alors l'héritier, à la cour de France ; il parla » des qualités héroïques de ſes aïeux, les an» ciens comtes de Douglas ; de la grande ré» putation que quelques-uns de ſes compatriotes » vivans, avaient acquiſe dans les lettres, & » il cita avec les plus grands éloges, les noms » de Hume & de Robertſon.

» Peu de temps après, il reçut la visite de » deux gentilshommes Russes, qui sont maintenant à Geneve. Voltaire leur parla beaucoup de leur Impératrice, & de l'état florissant » de leur patrie. *Autrefois*, leur dit-il, *vos compatriotes étaient conduits par des prêtres » ignorans, les arts vous étaient inconnus, » vos terres étaient désertes; mais aujourd'hui les arts florissent chez vous, & vos » terres sont cultivées.* Un des Russes, répondit » qu'il y avait encore en Russie bien des terres » stériles: *au moins*, dit Voltaire, *convenez » que dernièrement votre pays a été très-fertile en lauriers.*

» Il fait beaucoup plus de cas de la poétique » de M*** (*), que des poésies composées par » cet auteur. Il disait à ce propos, que M*** » était comme Moïse, qu'il conduisait les autres à la Terre promise, quoiqu'il ne lui fut » pas permis d'y entrer.

(*) Ne serait-ce pas Mr. de Marmontel? En vérité j'ai peur que ce ne soit ce grand, ce n'est pas-là l'épithete juste, je veux dire ce gros homme!

» Vous avez beaucoup entendu parler de » l'animosité qui a subsisté long-temps entre Vol- » taire & le journaliste Fréron. Le premier se » promenait un jour dans son jardin avec un » gentilhomme de Geneve. Un crapaud vint » à passer dans leur chemin. Le gentilhomme, » pour faire sa cour à Voltaire, lui dit : voilà » un Fréron. *Que vous a fait ce pauvre animal*, » répondit le vieillard caustique, *pour le traiter* » *ainsi ?*

» Il comparait la nation anglaise à un muid » de cette forte bierre qui lui sert de boisson. » L'écume, disait-il, est en-dessus, la lie est » au fond, & le milieu est excellent.

» Un ami de Voltaire lui avait recommandé » la lecture d'un systême de métaphysique, » étayé par une suite de raisonnemens, dans » lesquels l'auteur montrait beaucoup d'esprit » sans convaincre son lecteur, & sans prouver » autre chose que son éloquence & son talent » pour les sophismes. Cet ami lui demanda » quelque-temps après ce qu'il en pensait. Les » écrivains de métaphysique, répondit Voltaire, » ressemblent aux danseurs de menuet, qui se

„ présentent habillés à leur avantage, font une „ couple de révérences, parcourent la chambre „ dans les attitudes les plus gracieuses, déploient „ toutes leurs graces, font dans un mouvement „ continuel sans avancer d'un pas, & finissent „ par revenir à la même place d'où ils sont „ partis. "

Le célebre le Kain était à Ferney dans le même-temps que notre voyageur, & jouait sur le théatre de M. de Voltaire. Celui-ci assistait à presque toutes les représentations, sur-tout lorsqu'on jouait ses tragédies. Il se plaçait sur le théatre & derriere la scene, mais de maniere à être vu du plus grand nombre des spectateurs. Il prenait autant d'intérêt à la représentation, que s'il se fût agi de lui-même dans la piece. Il paraissait très-fâché quand les acteurs faisaient quelque faute, & quand ils jouaient bien il faisait éclater sa satisfaction tant de bouche que par des gestes expressifs. Les malheurs imaginaires des héros de la piece lui arrachaient des signes d'une compassion véritable, & il versait souvent des pleurs en aussi grande abondance qu'une jeune fille qui assiste pour la premiere fois à une tragédie. Le voyageur fait quelques réflexions judicieuses sur cette extrême sensibilité si rare dans un âge aussi avancé, & encore plus surprenante dans l'auteur même des fictions qui la provoquaient.

ANECDOTES.

DAns une société brillante, quelqu'un dit à Voltaire : ah ! Monsieur, que vous devez être content de vos ouvrages ! — Je suis, répondit-il, comme le mari d'une coquette, dont tout le monde jouit, excepté lui.

Pendant la dernière maladie de Voltaire, le Médecin *Lorry* fut le voir ; le Philosophe lui apprit le premier qu'il s'était confessé, & voyant sourire le Docteur, il lui dit : *Vous me croyez donc bien impie.* L'Esculape servi par sa mémoire, qui lui fournit en ce moment un vers de citation heureuse, lui répondit :

Vous craignez qu'on l'ignore & vous en faites
gloire.

» Cependant, reprit Voltaire, tout cela me » déplaît fort ; ce train de vie m'assomme ; mais me » voilà entre les mains de mes ennemis, il faut » bien que je m'en dégage. Dès que je pourrai être » transporté, je m'en vais ; j'espere que leur zele » ne me poursuivra pas jusqu'à Ferney : si j'y » avais été, cela ne se serait point passé ainsi. »

Le Curé de St. Sulpice invitant notre Philosophe à rentrer au giron de notre *sainte-mere*, Voltaire lui dit : » vous avez raison, Monsieur, » il faut mourir dans la religion de ses Peres, » si j'étais aux bords du Gange, je voudrais » expirer une queue de vache à la main. »

Il n'a cependant pas tenu parole, & personne n'en a peut-être encore soupçonné la raison : ce sont les réflexions trop multipliées des périodistes, de *M. Linguet*, sur-tout, sur la confession & la profession de foi de ce grand homme. Si personne n'avait parlé du premier pas, *Vol-*

taire eut expiré comme *Helvetius*, qui n'en a point perdu de gloire.

La Reine étant à une représentation d'*Irene*, transcrivait au crayon les plus beaux vers relatifs à Dieu & à la Religion; comme ils étaient édifiants, *un bon plaisant* s'écria : *on voit bien que l'Auteur a été à confesse.* On présume que Sa Majesté voulait citer au Roi ces passages, pour justifier sur ses sentimens, le Philosophe si décrié par les prêtres.

Madame de la V**, vieille coquette qui voudrait plaire encore, ayant voulu essayer quel effet feraient ses charmes sur notre Philosophe, fut se présenter à lui sous les habits les plus séduisans; & s'appercevant que le vieillard fixait les yeux sur son sein qu'elle s'efforçait d'agiter : » Comment, s'écria-t-elle, est-ce que vous songeriez encore à ces petits coquins-là? « — *Petits coquins*, reprit le meilleur gausseur de la France, *petits coquins*, *Madame*, *ce sont bien de grands pendards!*

Voltaire fut à une séance particuliere de l'Académie française, où M. l'Abbé de Lille lut quelques morceaux de son poëme, sur *l'Art d'orner, de peindre la nature & d'en jouir*, & la traduction de l'*Essai sur l'homme, de Pope :* pendant cette lecture, l'immortel vieillard se rappellait les vers Anglais, & les comparait à la traduction qu'il leur préférait. Il se plaignit cependant de la pauvreté de la Langue française, & parla d'y introduire des mots nouveaux, tels que celui de *tragédien*, pour exprimer un acteur qui ne joue que dans la tragédie. » Mais, ajouta-t-il, (en parlant de la » difficulté de ces sortes d'adoptions), notre Lan» gue est une gueuse fiere, il faut lui faire » l'aumône malgré elle. »

Mr. de Tersac, Curé de St. Sulpice, ayant appris que M. de Voltaire s'était confessé à l'Abbé Gaulthier, témoigna à M. le Marquis de Villette, le regret de s'être vu échapper cette ouaille : le rapport en ayant été fait au Philosophe convalescent, il écrivit au pasteur la lettre suivante :

MONSIEUR,

M. le Marquis de Villette m'a assuré que si j'avais pris la liberté de m'adresser à vous-même, pour la démarche nécessaire que j'ai faite, vous auriez eu la bonté de quitter vos importantes occupations pour venir, & daigner remplir auprès de moi des fonctions, que je n'ai cru convenables qu'à des subalternes, auprès des passagers qui se trouvent dans votre département.

M. l'Abbé Gaulthier avait commencé par m'écrire sur le bruit seul de ma maladie; il était venu ensuite s'offrir de lui-même, & j'étais fondé à croire que, demeurant sur votre paroisse, il venait de votre part. Je vous regarde, Monsieur, comme un homme du premier ordre de l'État; je sais que vous soulagez les pauvres en apôtre, & que vous les faites travailler en ministre.

Plus je respecte votre personne & votre état, plus j'ai craint d'abuser de vos extrêmes bontés. Je n'ai considéré que ce que je dois à votre naissance, à votre ministere & à votre mérite. Vous êtes un général à qui j'ai demandé un soldat.

Je vous supplie de me pardonner d'avoir ignoré la condescendance avec laquelle vous seriez descendu jusqu'à moi : pardonnez-moi aussi l'importunité de cette lettre, elle n'exige pas l'embarras d'une réponse ; votre temps est trop précieux. J'ai l'honneur d'être, &c.

VOLTAIRE.

Paris, ce 4 mars 1778.

RÉPONSE qui fut envoyée par le même Commissionnaire.

MONSIEUR,

Tous mes paroissiens ont droit à mes soins, que la nécessité seule me fait partager avec mes coopérateurs ; mais quelqu'un comme Mr. de Voltaire est fait pour attirer toute mon attention. Sa célébrité qui fixe sur lui les yeux de la capitale de la France & même de l'Europe, est bien digne de la sollicitude pastorale d'un Curé.

La démarche que vous avez faite, n'était nécessaire qu'autant qu'elle pouvait être utile & consolante, dans le danger de votre maladie. Mon ministere ayant pour objet le vrai bonheur de l'homme, en tournant à son profit les miseres inséparables de sa condition, & en dissipant par la foi les ténebres qui offusquent sa raison, & le bornent dans le cercle étroit de cette vie : jugez avec quelle empressement je dois l'offrir à l'homme le plus distingué par ses talens, dont l'exemple ferait seul des milliers d'heureux, & peut-être l'époque la plus intéressante aux mœurs, à la religion, & à tous les vrais principes, sans lesquels la société ne sera jamais qu'un assemblage de malheureux insensés, divisés par leurs passions, & tourmentés par leurs remords.

Je sais que vous êtes bienfaisant, si vous me permettez de vous entretenir quelquefois, j'espere que vous conviendrez qu'en adoptant parfaitement la sublime philosophie de l'Évangile, vous pourriez faire le plus grand bien, & ajouter à la gloire d'avoir porté l'esprit humain au plus haut degré de ses connaissances, le mérite de la vertu la plus fincere, dont la fageffe divine, revêtue de notre nature, nous a donné la jufte idée & fournit le parfait modele que nous ne pouvons trouver ailleurs.

Vous me comblez de chofes obligeantes que vous voulez bien me dire & que je ne mérite pas ; il ferait au-deffus de mes forces d'y répondre, en me mettant au nombre des favans & des gens d'efprit, qui vous portent avec tant d'empreffement leurs tributs & leurs hommages : pour moi, je n'ai à vous offrir que le vœu de votre folide bonheur, & la fincérité des fentimens avec lefquels j'ai l'honneur d'être, &c.

LE CURÉ DE ST. SULPICE.

PIECES dont s'était muni l'adroit Mr. l'Abbé Mignot, avant de fe rendre à Scellieres, pour l'enterrement de Voltaire.

1°. MR. le Curé de St. Sulpice lui donna la renonciation fuivante :

» Je confens que le corps de M. de Voltaire foit emporté fans cérémonie, & je me départs à cet égard de tous droits curiaux. »

2°. Il surprit à l'Abbé Gaulthier la déclaration suivante :

» Je soussigné certifie à qui il appartiendra, » que je suis venu à la réquisition de Mr. de » Voltaire, & que je l'ai trouvé hors d'état » de l'entendre en confession. »

Ces pieces étaient précédées d'une profession de foi de M. de Voltaire ; comment le Prieur de Scellieres aurait-il pu balancer à son inhumation !

LETTRE de l'Évêque de Troyes au Prieur de Scellieres.

JE viens d'apprendre, Monsieur, que la famille de M. de Voltaire qui est mort depuis quelques jours, s'était décidée à faire transporter son corps à votre Abbaye pour y être enterré, & cela parce que le Curé de Saint Sulpice leur avait déclaré qu'il ne voulait pas l'enterrer en terre sainte.

Je desire fort que vous n'ayez pas encore procédé à cet enterrement ; ce qui pourrait avoir des ſuites fâcheuſes pour vous ; & ſi l'inhumation n'eſt pas faite, comme je l'eſpere, vous n'avez qu'à déclarer que vous n'y pouvez procéder ſans avoir des ordres exprès de ma part.

J'ai l'honneur d'être bien ſincérement, Monſieur, votre très-humble & très-obéiſſant ſerviteur, ✠ Évêque de Troyes.

2 *Juin* 1778.

RÉPONSE *du Prieur*.

A Scellieres, 3 Juin.

Je reçois dans l'inſtant, Monſeigneur, à trois heures après-midi, avec la plus grande ſurpriſe la lettre que vous m'avez fait l'honneur de m'écrire en date du jour d'hier 2 Juin : il y a maintenant plus de 24 heures que l'inhumation du corps de M. de Voltaire eſt faite dans notre Égliſe en préſence d'un peuple nombreux. Permettez-moi, Monſeigneur, de vous faire le récit de cet événement, avant que j'oſe vous préſenter mes réflexions.

Dimanche au ſoir 31 Mai, M. l'Abbé Mignot, Conſeiller au Grand Conſeil, notre Abbé commandataire, qui tient à loyer un appartement dans l'intérieur de notre monastere, parce que son abbatiale n'est pas habitable, arriva en poste pour occuper cet appartement. Il me dit après les premiers complimens, qu'il avait eu le malheur de perdre M. de Voltaire son oncle, que ce Monsieur avait desiré dans ses derniers momens d'être porté après sa mort à sa terre de Ferney, mais que le corps qui n'avait pas été enseveli, quoiqu'embaumé, ne serait pas en état de faire un voyage aussi long; qu'il desirait, ainsi que sa famille, que nous voulussions bien recevoir le corps en dépôt dans le caveau de notre Église; que ce corps était en marche, accompagné de trois parens, qui arriveraient bientôt. Aussi-tôt M. l'abbé Mignot m'exhiba un consentement de M. le Curé de Saint Sulpice, signé de ce pasteur, pour que le corps de M. de Voltaire put être transporté sans cérémonie; il m'exhiba en outre une copie collationnée par ce même Curé de Saint Sulpice, d'une profession de la foi Catholique, Apostolique & Romaine, que M. de Voltaire a faite entre les mains d'un prêtre approuvé en présence de deux témoins, dont l'un est Monsieur Mignot, notre Abbé, neveu du pénitent, & l'autre un Monsieur le Marquis de la Villevieille. Il me montra en outre une lettre du Ministre de Paris, M. Amelot, adressée à lui & à M. de Dampierre d'Hornoy, neveu de M. l'abbé Mignot, & petit-neveu du défunt, par laquelle ces Messieurs étaient autorisés à transporter leur oncle à Ferney ou ailleurs. D'après ces pieces qui m'ont paru & qui me paraissent encore authentiques, j'aurais cru manquer au devoir de Pasteur si j'avais refusé les secours spirituels dûs à tout Chrétien, & sur-tout à l'oncle d'un Magistrat qui est depuis 23 ans Abbé de cette Abbaye, & que nous avons beaucoup de raisons de considérer : il ne m'est pas venu dans la pensée que M. le Curé de Saint Sulpice ait pu refuser la sépulture à un homme dont il avait légalisé la profession de foi, faite tout au plus six semaines avant son décès, & dont il avait permis le transport tout récemment au moment de sa mort : d'ailleurs, je ne savais pas qu'on pût refuser la sépulture à un homme quelconque mort dans le Corps de l'Église, & j'avoue que selon mes faibles lumieres, je ne crois pas encore que cela ſoit poſſible. J'ai préparé en hâte tout ce qui était néceſſaire. Le lendemain matin ſont arrivés dans la cour de l'Abbaye deux carroſſes, dont l'un contenait le corps du défunt, & l'autre était occupé par M. d'Hornoy, Conſeiller au Parlement de Paris, petit-neveu de M. de Voltaire, par M. Marchand de Varennes, Maître-d'hôtel du Roi, & M. de la Houilliere, Brigadier des armées, tous deux couſins du défunt. Après-midi, M. l'abbé Mignot m'a fait à l'Égliſe la préſentation ſolemnelle du corps de ſon oncle, qu'on avait dépoſé; nous avons chanté les vêpres des morts; le corps a été gardé toute la nuit dans l'Égliſe environné de flambeaux. Le matin depuis cinq heures tous les eccléſiaſtiques des environs, dont pluſieurs ſont amis de M. l'abbé Mignot, ayant été autrefois Séminariſtes à Troyes, ont dit la meſſe en préſence du corps, & j'ai célébré une meſſe ſolemnelle à onze heures avant l'inhumation, qui a été faite devant une nombreuſe aſſemblée. La famille de M. de Voltaire eſt repartie ce matin, contente des honneurs rendus à ſa mémoire, & des prieres que nous avons faites à Dieu pour le repos de son ame. Voilà les faits, Monseigneur, dans la plus exacte vérité. Permettez, quoique nos maisons ne soient pas soumises à la jurisdiction de l'ordinaire, de justifier ma conduite aux yeux de votre Grandeur : quels que soient les privileges d'un Ordre, ses membres doivent toujours se faire gloire de respecter l'Épiscopat, & se font honneur de soumettre leurs démarches, ainsi que leurs mœurs, à l'examen de nos Seigneurs les Évêques ; comment pouvais-je supposer qu'on refusait, ou qu'on pouvait refuser à M. de Voltaire, la sépulture qui m'était demandée par son neveu, notre Abbé Commandataire depuis 23 ans, Magistrat depuis 30 ans, Ecclésiastique qui a beaucoup vécu dans cette Abbaye, & qui jouit d'une grande considération dans notre ordre; par un Conseiller au Parlement de Paris, petit-neveu du défunt; par des Officiers d'un grade supérieur, tous parens & tous gens respectables? Sous quel prétexte aurais-je pu croire que M. le Curé de Saint Sulpice eut refusé la sépulture à M. de Voltaire, tandis que ce Pasteur a légalisé de sa propre main une profession de foi, faite par le défunt, il n'y a que deux mois, tandis qu'il a écrit & signé de sa propre main un consentement que ce corps fut transporté sans cérémonies? Je ne sais ce qu'on impute à M. de Voltaire ; je connais plus ses ouvrages par sa réputation qu'autrement ; je ne les ai pas lu tous ; j'ai oui dire à M. son neveu, notre Abbé, qu'on lui en imputait de très-repréhensibles qu'il avait toujours désavoués : mais je sais d'après les Canons, qu'on ne refuse la sépulture qu'aux Excommuniés, *latâ sententiâ*, & je crois être sûr que M. de Voltaire n'est pas dans ce cas. Je crois avoir fait mon devoir en l'inhumant, sur la réquisition d'une famille respectable, & je ne puis m'en repentir. J'espere, Monseigneur, que cette action n'aura pas pour moi de suites fâcheuses ; la plus fâcheuse, sans doute, serait de perdre votre estime ; mais d'après d'explication que j'ai l'honneur de faire à votre Grandeur, elle est trop juste pour me la refuser.

Je suis avec un profond respect, &c.

LE PRIEUR DE SCELLIERES.

EXTRAIT

*EXTRAIT d'une Lettre de M. l'Abbé***, datée de Geneve, contenant une description de l'état actuel du Château de Ferney, acquis par M. le Marquis de Villette, depuis la mort de Voltaire.*

JE viens de faire, en Bourgogne, quelques recherches littéraires, dont je m'étais chargé. Ce que j'ai vu d'agréable & d'intéressant dans cette province, m'a inspiré le desir d'aller plus loin; j'ai voulu contempler la nature & les hommes dans un pays où la terre s'éleve jusqu'aux cieux, & où les hommes tiennent un peu du sol, comme par-tout ailleurs.

J'avais toujours desiré de voir un des asyles les plus célebres du génie : ce motif, quand je n'en aurais pas eu d'autres, suffisait bien pour me conduire à Ferney : j'y ai passé quelques jours.

Le premier objet de mon admiration a été d'y rencontrer des étrangers, qui venaient, comme autrefois, des extrémités de l'Europe, Vifiter cette maiſon conſacrée aux muſes & à la philoſophie : on veut tout voir : on interroge avec avidité, ceux qui ont eu le bonheur d'approcher le grand homme qu'on y cherche encore : on aime à s'inſtruire des plus petits détails de ſa vie privée. On éprouve un attendriſſement involontaire, lorſqu'on entre dans ſa chambre : elle eſt conſervée telle qu'il l'occupait ; & juſqu'à ſon lit, qui ſemble encore prêt à le recevoir. On ne s'eſt pas permis d'y déranger la moindre choſe ; on ſe ſent ſur-tout frappé d'un ſaiſiſſement dont on n'eſt pas le maître, lorſqu'on jette les yeux ſur l'urne funéraire où repoſe ſon cœur.

C'eſt une pyramide quadrangulaire, contre laquelle eſt adoſſé un autel compoſé d'un ſimple tronçon de colonne cannelée ; cette pyramide eſt ceinte au tiers de ſa hauteur, d'une corniche ſaillante, ſoutenue aux angles par quatre colonnes antiques, & porte une urne ſépulcrale ſur chaque face ; une couronne de lauriers termine la pyramide tronquée ; c'eſt le ſeul attribut caractériſtique qui y ſoit exprimé ; & ſur l'autel eſt placé un couſſin de velours où ſe pose un cœur, symbole de celui qui est dans l'intérieur du monument.

Cet ensemble composé de trois marbres, le blanc, le noir & le verd antique, de la hauteur d'environ sept pieds, sur trois & demi de largeur à sa base, est placé dans l'intérieur d'une niche, drapée en noir, & porte dans l'ame l'idée douloureuse du génie & de la mort.

On a décoré cette chambre de quelques portraits qui se trouvaient dans le Château de Ferney, & pour lesquels M. de Voltaire avait le plus de prédilection : ceux de l'Impératrice de Russie, du Roi de Prusse, de la Princesse de Bareith, de la Marquise du Châtelet, de M. d'Alembert, de M. le Comte de Maurepas, de M. d'Argenson, de M. & de Mde. la Marquise de Villette, du célebre le Kain, &c. On y lit cette inscription : *Mes mânes sont consolés, puisque mon cœur est au milieu de vous.*

ANECDOTE *sur la famille de Voltaire.*

ON a inséré dans les affiches de Poitiers, une lettre de M. Dumoustier de Lafond, capitaine d'artillerie & membre de plusieurs académies, contenant une piece de vers qu'un de ses ancêtres paternels (*Ant. Dumoustier*) fit sur la mort de *René Arouet*, son ami, arrivée en 1499, & qui, quoiqu'appliquée assez heureusement plus de 100 ans après, à Scevole de Ste-Marthe, par *Daniel Ferron*, qui la récita dans l'auditoire du palais de Loudun, le 23 avril 1623, prouve deux choses: la premiere, que la famille de M. *Arouet de Voltaire* était originaire du Poitou, & la deuxieme, que *René Arouet*, un de ses ancêtres, était fort estimé pour ses talens (*).

(*) Un fragment d'*Étienne Rousseau*, enquêteur au baillage de Loudun, dit *que ce fut par modestie que* René Arouet *ne fit pas imprimer plusieurs de ses ouvrages, qui en étaient dignes*. Et à l'égard du premier point,

M. Dumoustier ayant envoyé, il y a environ 18 mois, cette même piece, à M. de Voltaire, en lui faisant diverses questions sur le lieu qui avait donné naissance à sa famille, en reçut une réponse qu'on a également insérée dans les affiches. „ Voici, dit-il au rédacteur de cette feuille,
„ ces vers, que je vous engage à publier, moins
„ pour la gloire de leur auteur, quoiqu'on doive
„ les trouver bons, relativement à l'époque où
„ ils ont été faits, que parce qu'ils attestent
„ que la famille de M. de Voltaire est ancienne
„ en Poitou, & qu'il se trouvait déja, il y
„ a 200 ans, dans cette famille, un auteur
„ à qui on donnait des éloges; ce qui est tou-
„ jours honorable pour notre province, où il
„ existe encore de ses parens, connus pour
„ tels. „

Muses, que pensiez-vous quand la mort l'a surpris?
Étiez-vous, dites-moi, en quelque profond somme?

M. Dumoustier, entre plusieurs autres témoignages, invoque celui même de l'auteur des affiches (M. Jouyneau Desloges), qui lui a dit avoir vu d'anciennes minutes d'actes passés par un *Arouet*, notaire à S. Loup, petite ville du Poitou.

Parmi vous & les Dieux il était en grand prix :
Il a vécu comme eux, il eſt mort comme un homme.

Mais lequel doit-on plus admirer ou pleurer,
Admirer ſes beaux ans ou bien pleurer ſa perte !
Quant à moi, je ne puis me laſſer d'admirer
Non plus que de pleurer la mort qu'il a ſoufferte.

Non, non, ce n'eſt aſſez de répandre des pleurs :
Ne reſtons après lui, ſa mort nous fait envie ;
Et ſuivons au tombeau, accablés de douleurs,
Celui dont on ne peut approcher de la vie.

„ Ne ſemblerait-il pas, continue M. Dumouſtier, que c'eſt-là à-peu-près, ce qu'on a dit „ & ce qu'on devait dire ſur la mort de M. „ Voltaire lui-même ? C'eſt ajouter à ſon éloge „ que de rappeller qu'un de ſes ancêtres a mérité & obtenu un pareil hommage ; & cette „ circonſtance eſt remarquable, & peut-être unique dans une même famille, après deux ſiecles „ d'intervalle entre les deux époques. Quoi qu'il „ en ſoit, voici la lettre dont M. de Voltaire „ m'honora peu de temps avant ſa mort : elle „ eſt datée de Paris, le 7 avril 1778 : *Mon-*

„ *sieur, l'isle de Delos eut son Apollon, la*
„ *Sicile ses Muses, & Athene sa Minerve.*
„ *Les villes de Loudun & de St Loup, à*
„ *l'exemple des sept villes qui combattirent*
„ *autrefois pour la naissance d'Homere, vou-*
„ *draient-elles aujourd'hui combattre pour*
„ *être le lieu de la naissance de mes ancê-*
„ *tres? Je n'ai aucune voie de conciliation*
„ *à leur proposer. Si cette découverte les in-*
„ *téresse, elles ne manqueront pas de moyens*
„ *pour la faire. Les vers que fit* Ant. Du-
„ moustier, *un de vos ancêtres, sur la mort*
„ *de* René Arouet, *qui peut aussi être un des*
„ *miens, sont animés d'un caractere d'amitié*
„ *qui fait honneur au cœur de celui qui les*
„ *a écrits. Puisque vous travaillez à l'his-*
„ *toire de votre province, évitez avec soin*
„ *le trop grand flegme de style assez ordi-*
„ *naire aux personnes qui, comme vous, par*
„ *état ou par goût, s'appliquent aux ma-*
„ *thématiques. Je suis avec toute la considé-*
„ *ration que vous méritez,* &c. Signé, AROUET
„ DE VOLTAIRE.

LETTRE du Roi de Prusse à M. d'Alembert, sur la mort de Voltaire.

QUelle perte irréparable pour les Lettres, & que de siecles s'écouleront peut-être sans produire un tel génie !.. S'il fut retourné à Ferney, peut-être serait-il encore !.. Il vivra à jamais, il est vrai, par son génie & par ses ouvrages ; mais j'aurais desiré qu'il eut pu être encore long-temps le témoin de sa gloire... Il a du moins joui de la consolation de recevoir avant sa mort les hommages de ses Compatriotes... L'Académie de Berlin & moi, nous nous proposons de payer au grand homme qui vient de mourir, le juste tribut qui est dû à ses cendres (*). Les Germains met-

(*) Le Roi de Prusse, sous sa tente, en bottes, & le sabre au côté, a composé l'*Eloge funebre* de Voltaire, & l'a fait prononcer dans son Académie de Berlin. Je ne sais trop, dit à ce sujet M. le Chevalier de Cubieres, je ne sais trop lequel des deux ce trait honore le plus de Fréderic ou de Voltaire.

tront tous leurs ſoins à rendre à ce beau génie la juſtice que la France lui devait à tant de titres ; ils ne feront contens d'eux-mêmes, que lorſqu'ils auront peint avec énergie à l'Europe entiere, & à la France en particulier, la perte irréparable qu'elle vient de faire.

Il n'y a plus, comme autrefois, d'amateurs des beaux Arts & des Sciences. Si ces Arts ſe perdent, comme je le prévois, à quoi l'attribuer qu'au peu de cas qu'on en fait ? Pour moi, je les aimerai juſqu'à mon dernier ſoupir. Je ne trouve de conſolation pour ſupporter le fardeau de la vie, qu'avec les Muſes ; & je vous aſſure que ſi j'avais été maître de mon deſtin (*), ni l'orgueil du trône, ni le commandement des armées, ni le frivole goût des diſſipations ne l'auraient emporté ſur elles.

(*) O vous ! s'écrie le célebre M. d'Alembert, ô vous, qui que vous ſoyez, détracteurs ou contempteurs des Lettres ! vous qui prenez tant de plaiſir à les voir en butte à la calomnie & aux outrages, liſez ces mots tracés par un grand Roi, & rougiſſez. Et vous, Écrivains honnêtes, qui êtes l'objet des outrages & de la calomnie, liſez auſſi ces mots, & conſolez-vous.

LETTRE *de l'Auguste Catherine II, Impératrice de toutes les Russies, avec cette inscription* : pour Madame DENIS, Niece d'un grand Homme qui m'aimait beaucoup.

JE viens d'apprendre, Madame, que vous consentez à remettre entre mes mains ce dépôt précieux (*) que M. votre oncle vous a laissé ; cette bibliotheque que les ames sensibles ne verront jamais, sans se souvenir que ce grand homme sut inspirer aux humains cette bienfaisance universelle, que tous ses écrits, même ceux de pur

(*) L'Impératrice de Russie, pour honorer la mémoire de Voltaire, avait demandé sa bibliotheque à Madame Denis. Sa Majesté Impériale a fait élever un *Musæum*, dans lequel cette bibliotheque est placée. Au milieu de ce vaste dépôt de toutes les connaissances humaines, se trouve la statue du grand homme qui avait su les réunir. L'illustre Protectrice des Arts a fait demander les plans du Château de Ferney, pour en bâtir un sur ce modele dans ses délicieux Jardins de Czasko-selo, & en faire sa maison de plaisance.

agrément, respirent. Personne, avant lui, n'écrivit comme lui à la race future. Il servira d'exemple & d'écueil. Il faudrait unir le génie & la philosophie aux connaissances & à l'agrément; en un mot, être M. de Voltaire pour l'égaler. Si j'ai partagé, avec toute l'Europe, vos regrets, Madame, sur la perte de cet HOMME INCOMPARABLE, vous vous êtes mise en droit de participer à la reconnaissance que je dois à ses écrits. Je suis sans doute très-sensible à l'estime & à la confiance que vous me marquez. Il m'est bien flatteur de voir qu'elles sont héréditaires dans votre famille. La noblesse de vos procédés vous est caution de mes sentimens à votre égard. J'ai chargé M. Grimm de vous remettre quelques faibles témoignages (*) dont je vous prie de faire usage. *Signée*, CATHERINE (†).

(*) Sa Majesté Impériale a envoyé à Madame Denis une boëte d'or, ornée de son portrait, enrichie de diamans, des fourrures du plus grand prix, & cinquante mille écus de notre monnoie.

(†) Cette lettre de l'Impératrice de Russie & les deux lettres du Roi de Prusse, doivent faire à jamais la gloire du Parnasse Français, & du plus grand de nos Poëtes.

LE VOYAGEUR & L'HABITANT DE FERNEY,

Dialogue sur le Tombeau de Voltaire à Ferney, par M. le Marquis de Villette.

LE VOYAGEUR.

Montrez-moi l'asyle touchant
Où devait reposer la cendre de Voltaire.

L'HABITANT.

Mon cœur s'émeut en s'approchant;
Sa tombe est sous vos yeux.

LE VOYAGEUR.

Quoi! ce lieu solitaire!
Quoi! cet informe amas de cailloux entassés
Devait donc contenir sa dépouille mortelle!

L'HABITANT.

Sur cette pierre, hélas! tous les yeux empressés,
Quand sa mémoire est éternelle,
Auraient lu son nom, c'est assez.

LE VOYAGEUR.

Comment, le possesseur de sa naissante ville,
Lui rendant un honneur nouveau,

N'a-t-il pas de lauriers entouré cet asyle ?

L'HABITANT.

Voltaire, des humains la gloire & le flambeau,
Méritait les honneurs suprêmes;
Et s'il était dans ce tombeau,
Les lauriers y croîtraient d'eux-mêmes.

APOTHÉOSE DE VOLTAIRE,

Par M. de Chabanon.

LE Dieu qu'en souverain le Parnasse révere,
Convoquant de ses loix l'empire tributaire,
A devant ses sujets prononcé ce discours :
» Ministres de mes loix, vous que j'ai vus toujours,
» D'un beau zele enflammés, maintenir ma puissance,
» Je reviens parmi vous après cent ans d'absence.
» Parlez, instruisez-moi ; c'est à moi de conter
» Vos succès, s'il en est qui puissent me flatter ».

Calliope (*) du moins n'a point trahi ta gloire,
Dit cette Nymphe au Dieu ; si tu n'oses m'en croire,

(*) *Muse de l'Epopée.*

Regarde cet écrit (*), enfanté sous mes yeux :
Il peint d'un Roi guerrier les combats glorieux ;
Il peint d'un Roi clément la bonté, la justice :
Des fables du vieux temps le frivole artifice
N'a point déshonoré ces augustes récits ;
La raison n'admet plus ces prodiges vieillis :
Au siecle qui m'entend le vrai seul pouvait plaire,
Et si je dus l'orner, c'est d'une main légere.
Cette profusion d'un stile harmonieux,
Convenable peut-être au langage des Dieux ;
Ce luxe de mon art, ce faste poétique
Qu'admirerent jadis Rome & la Grece antique,
Chez le Français léger, essuieraient aujourd'hui
Du lecteur dédaigneux les dégoûts & l'ennui.
J'ai fait courir mon stile & rapide & sublime ;
Sans courber les moissons, j'en effleurais la cime ;
Tel fut de mes travaux l'heureux commencement.
Je te consacre encor un autre monument.
Ici, d'un ton moins grave, & d'une voix moins fiere,
J'ai chanté d'Orléans l'Héroïne guerriere ;
J'ai tracé le contour de ses grossiers appas ;

(*) La Henriade.

J'ai décrit, en riant, les funestes combats,
Les exploits des héros, leurs aimables faiblesses,
Et l'infidélité de leurs belles maîtresses.
L'imagination esquissa ce tableau
D'objets désassortis assemblage nouveau :
Leur contraste piquant flatte, étonne, intéresse ;
Et d'un mol abandon la grace enchanteresse
Ajoute à ces portraits un charme encor plus grand.
Que de talens détruits ! Un homme seul expire.

Anecdote & sentiment de S. M. le Roi de Prusse sur la Henriade.

IL se débita à Paris une satyre en vers indécens contre le Duc d'Orléans, alors Régent du Royaume. Un certain la Grange, Auteur de cet œuvre de ténebres, pour éviter d'être soupçonné, trouva le moyen de la faire passer sous le nom de M. de Voltaire. Le Gouvernement agit avec précipitation ; le jeune Poëte, tout innocent qu'il était, fut conduit à la Bastille, où il demeura quelques mois. Mais comme le propre de la vérité est de se faire jour plutôt ou plus tard, le coupable fut puni, & M. de Voltaire justifié & relâché. Croirait-on que ce fut à la Bastille même que notre jeune Poëte composa les deux premiers Chants de sa *Henriade?* Cependant cela est vrai : sa prison devint un Parnasse pour lui, où les Muses l'inspirerent. Ce qu'il y a de certain, c'est que le second Chant est demeuré tel qu'il l'avait d'abord minuté : faute de papier & d'encre, il en apprit les vers par cœur & les retint.

L'histoire rapporte que Virgile en mourant, peu satisfait de l'*Énéïde* qu'il n'avait pu autant perfectionner qu'il l'aurait desiré, voulut la brûler. La longue vie dont jouit M. de Voltaire, lui permit de limer & de corriger son Poëme de la Ligue, & de le porter à la perfection où il est parvenu maintenant sous le nom de la *Henriade*. Les envieux de notre Auteur lui reprocherent que son Poëme n'était qu'une imitation de l'*Énéïde*; & il faut convenir qu'il y a des Chants dont les sujets se ressemblent; mais ce ne sont pas des copies serviles. Si Virgile dépeint la destruction de Troye, Voltaire étale les horreurs de la Saint Barthelemi; aux amours de

Didon & d'Énée, on compare les amours de Henri IV & de la belle Gabrielle d'Estrée ; à la descente d'Énée aux Enfers, où Anchise lui découvre la postérité qui doit naître de lui, l'on oppose le songe de Henri IV, & l'avenir que Saint-Louis dévoile en lui annonçant le destin des Bourbons. Si j'osais hasarder mon sentiment, j'adjugerais l'avantage de deux de ces Chants au Français ; à savoir celui de la Saint Barthelemi & du songe de Henri IV. Il n'y a que les amours de Didon où il paraît que Virgile l'emporte sur Voltaire, parce que l'Auteur latin intéresse & parle au cœur, & que l'Auteur français n'emploie que des allégories. Mais si l'on veut examiner ces deux Poëmes de bonne foi, sans préjugés pour les anciens, ni pour les modernes, on conviendra que beaucoup de détails de l'*Énéïde* ne seraient pas tolérés de nos jours, dans les ouvrages de nos Contemporains ; comme, par exemple, les honneurs funebres qu'Énée rend à son pere Anchise, la fable des Harpies, la prophétie qu'elles font aux Troyens qu'ils seront réduits à manger leurs assiettes, & cette prophétie qui s'accomplit ; la truie avec ses neuf petits, qui désigne le lieu d'établissement où Énée doit trouver la fin de ses travaux; ses vaisseaux changés en Nymphes; un cerf tué par Ascagne, qui occasionne la guerre des Troyens & des Rutules; la haine que les Dieux mettent dans le cœur d'Amate & de Lavinie, contre cet Énée que Lavinie épouse à la fin. Ce sont peut-être ces défauts dont Virgile était lui-même mécontent, qui l'avaient déterminé à brûler son ouvrage, & qui, selon les sentimens des censeurs judicieux, doivent placer l'*Énéïde* au-dessous de la *Henriade*. Si les difficultés vaincues font le mérite d'un Auteur, il est certain que M. de Voltaire en trouva plus à surmonter que Virgile. Le sujet de la *Henriade* est la réduction de Paris, due à la conversion de Henri IV. Le Poëte n'avait donc pas la liberté de mouvoir à son gré le système merveilleux; il était réduit à se borner aux mysteres des Chrétiens, bien moins féconds en images agréables & pittoresques, que n'était la Mythologie des Gentils. Toutefois on ne saurait lire le dixieme Chant de la *Henriade*, sans convenir que les charmes de la Poésie ont le don d'ennoblir tous les sujets qu'elle traite.

ANECDOTE UNIQUE.

UN Homme d'un grand mérite, (M. V. de B.) qui réside depuis sept ou huit ans à Canton en Chine, a mandé à un de ses amis de Paris, qu'un Lettré Chinois a traduit dans sa langue différentes Poésies de Voltaire, & qu'il les a fait passer à l'Empereur Kien-Long, actuellement régnant. Ce Monarque est lui-même un Poëte célebre, témoin son Éloge de *Moukden* (*), que

(*) Kien-Long, vers l'an 1743 de notre Ere vulgaire, composa ce Poëme en vers Chinois & en vers Tartares. Ce n'est pas à beaucoup près son seul ouvrage. Le Poëme de cet Empereur a plus d'un mérite, soit dans le sujet qui est l'Éloge de ses ancêtres, & où la piété filiale semble naturelle, soit dans les descriptions, instructives pour nous, de la ville de Moukden, des animaux & des plantes de cette province, soit dans la clarté du style, perfection si rare parmi nous. Ce qui est sur-tout très-remarquable, c'est le respect dont cet Empereur paraît pénétré pour l'Être Suprême. On doit peser ces paroles : » Un tel pays, de tels » hommes ne pouvaient manquer d'attirer sur eux » des regards de prédilection de la part du soule Pere Amiot, Jésuite, nous a fait connaître par la version française dont il a enrichi notre littérature. Kien-long, transporté d'admiration à la lecture des ouvrages de l'Homere de la France, lui a donné les épithetes de *Thyenne-ly*, lumiere divine, *Pousal-fond*, esprit surnaturel.

On a envoyé depuis à M. V. de B. l'*Epitre* (†) de Voltaire au Roi de la Chine. Si cette Piece peut parvenir à son adresse, elle ne manquera pas de flatter & de réjouir beaucoup sa Majesté Chinoise & Tartare.

„ verain Maître qui regne dans le plus haut des „ Cieux „. Voilà bien de quoi confondre à jamais tous ceux qui ont imprimé dans tant de livres que le Gouvernement Chinois est Athée. Une chose qui fait encore le plus grand honneur à Kien-Long, c'est l'extrême considération qu'il montre pour l'Agriculture, & son amour pour la frugalité.

(*) On connaît assez cette belle Épître, dont nous citerons pourtant les quatre premiers vers :

Reçois mes complimens, charmant Roi de la Chine ;
Ton trône est donc placé sur la double colline !
On sait dans l'Occident, que malgré mes travers,
J'ai toujours fort aimé les Rois qui font des vers.

VERS

*Sur la Statue érigée à Voltaire, par M. D** de C***.*

L'AUTRE jour chez Pigalle, en contemplant Voltaire
Je disais : Qu'a donc mis le fameux statuaire
Sous les pieds de notre Apollon,
Et pourquoi lui fait-il écraser du talon,
Masque hideux dont la bouche effroyable
Semble ouverte pour aboyer ?
Est-ce l'Envie ? Est-ce le Diable ?
Alors quelqu'un cria dans l'attelier :
Oh ! ce n'est rien ; c'est l'Abbé Sabatier.

TABLE.

PIECES RELATIVES ET ANECDOTES SUR VOLTAIRE.

Fin de la Table.

ÉTRENNES
AUX BELLES,
DONNÉES PAR VOLTAIRE
Quinze jours avant sa mort.

A PARIS,

Chez la Veuve GUILLAUME, Libraire, rue Saint-Honoré, à côté de l'hôtel d'Aligre.

M. DCC. LXXXIII.

www.ingramcontent.com/pod-product-compliance
Lightning Source LLC
LaVergne TN
LVHW010551110826
845149LV00003B/628
9782011861894